Mein erstes Dr. Oetker Kochbuch

Mein erstes

Dr. Oetker Kochbuch

Gehört:

Jasmin Schoensee

53 35c

Hallo,

wir sind die kleinen Super-Köche, die Dich durch das ganze Buch begleiten werden. Du findest uns auf jeder Seite wieder. Am liebsten machen wir Spaß – das siehst Du in jedem Bild. Aber wir erzählen Dir auch, was Du wissen mußt, um aus Obst und Gemüse das Beste zu machen: Wie es wächst, wie es geerntet wird, und was Du bei der Zubereitung beachten mußt.
Natürlich verraten wir Dir auch unsere Lieblings-Rezepte – und eine Menge Tricks. Die meisten Speisen kannst Du alleine nachkochen, vieles wird nur kalt angerührt. Bei einigen Rezepten brauchst Du sicher Hilfe. Zum Beispiel wenn Du mit heißen Zutaten umgehen mußt. Dann sollte immer ein Erwachsener in Deiner Nähe sein.

Obst und Gemüse sind sehr gesund, viel gesünder als Süßigkeiten. Deshalb findest Du nur Speisen mit Obst und Gemüse. Und Du wird feststellen, daß sie viel besser schmecken als süße Sachen ohne gesunde Zutaten. Außerdem schützen Dich die enthaltenen Vitamine vor Krankheiten - und keiner mag krank sein. Sie machen Deinen Körper groß und kräftig. Frische Ware enthält am meisten Vitamine.

Ganz wichtig: Obst und Gemüse muß immer gründlich gewaschen werden, bevor Du es roh ißt oder in einem Rezept verwendest. Sonst kannst Du leicht krank werden.
So, nun geht es los. Das erste Koch-Abenteuer beginnt mit A wie Apfel. Und wenn Du bei Z wie Zwiebel angekommen bist, kannst Du genauso gut kochen wie wir.

Inhaltsübersicht

Kürbis

- Kürbissuppe

Melonen

- Fruchtkörbchen
- Überraschungsmelone

Möhren

- Möhrensuppe
- Möhrenrohkost

Orangen

- Orangen-Drink
- Gefüllte Orangenkörbchen

Paprikaschoten

- Gefüllte Paprikaschote
- Paprikaschiffchen
- Paprikasalat

Petersilie

- Käse-Inseln

Pfirsiche

- Pfirsich-Quarkspeise
- Pfirsichbowle

Pflaumen

- Getrocknete Pflaumen
- Pflaumenmus

Porree

- Gemüsesuppe

Radieschen

- Radieschensalat
- Radieschenbrot

Rettich

- Rettichsalat
- Tomate mit Rettichfüllung

Rhabarber

- Rhabarbersuppe
- Rhabarberreis

Rosenkohl

- Rosenkohlsuppe

Schnittlauch

- Schnittlauchbrot
- Schnittlauchquark
- Kräuterblumenstrauß

Spargel

- Spargelsuppe

Spinat

- Spinatsalat
- Gedünsteter Spinat

Stachelbeeren

- Stachelbeerkompott
- Stachelbeergrütze

Tomaten

- Fliegenpilz
- Tomatenbrot
- Tomatensalat

Weintrauben

- Schokoladentrauben
- Traubenigel

Weißkohl

- Kohlsalat

Zitronen

- Vitamintrunk
- Zitronen-Kefir
- Honigmilch

Zwiebel

- Ausgebackene Zwiebelringe

Äpfel

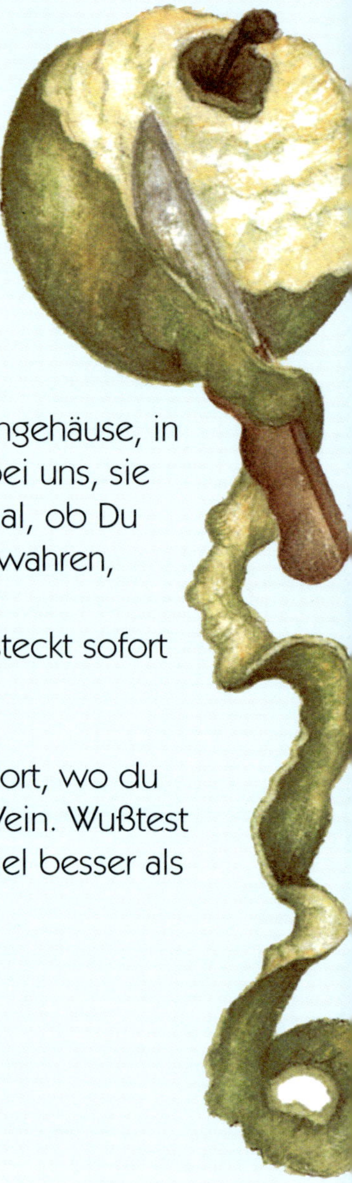

Von allen Obstsorten werden Äpfel am meisten bei uns angebaut.
Sie wachsen auf dem Baum und haben ganz unterschiedliche Namen.
Sie heißen Boskop, Cox Orange, Idared, Gloster, Jonagold, Elstar, Gala, Braeburn oder Golden Delicious - welchen findest Du am lustigsten?
Die kugelrunden Früchte haben eine feste Schale und im Innern ein Kerngehäuse, in dem die braunen Apfelkernchen sitzen. Äpfel gibt es das ganze Jahr bei uns, sie werden im Herbst geerntet und jede Sorte schmeckt anders. Probier mal, ob Du die Unterschiede merkst! Einige Sorten kann man bis zum Winter aufbewahren, wenn sie richtig gelagert werden.
Angefaulte Äpfel solltest Du sofort aussortieren, denn ein fauler Apfel steckt sofort alle anderen an. Das ist wie mit Windpocken in der Schule.

Äpfel kann man roh essen, gekocht oder gedörrt (Vielleicht sagt man dort, wo du wohnst, »getrocknet«?) Man macht aus Äpfeln Saft, Mus, Gelee oder Wein. Wußtest Du, daß ein geraspelter Apfel gegen Durchfall hilft? Und er schmeckt viel besser als Medizin.

Naschst Du gern?

Getrocknete Apfelringe

Äpfel

1. Bohre mit einem Apfelausstecher das Kerngehäuse aus den Äpfeln.
2. Schäle die Äpfel.
3. Schneide die Äpfel in Scheiben und fädele sie auf Küchengarn auf.
4. Getrocknet werden sie im Backofen.

Ober-/Unterhitze:	etwa 50 °C (vorgeheizt)
Heißluft:	etwa 50 °C (nicht vorgeheizt)
Gas:	Stufe 1–2 (vorgeheizt)
Backzeit:	6–8 Stunden.

5. Steck einen Löffelstiel zwischen Backofen und Backofentür, damit der Dampf entweichen kann.

Für Bratäpfel mußt Du besonders große Äpfel aussuchen - pro Person einen.

Bratäpfel

Pro Person
- 1 Apfel
- 1 TL Zucker
- 1 TL Rosinen
- 1 TL gehackte Haselnußkerne

1. Schneide das Stück, wo der Stiel des Apfels sitzt, wie eine Kappe ab und höhle das Kerngehäuse vorsichtig aus oder laß Dir dabei helfen.
2. Mische Zucker, Rosinen und gehackte Nüsse und fülle alles in den Apfel. Obendrauf setzt Du den Apfeldeckel.
3. Im Backofen brutzeln, bis er weich ist.

Ober-/Unterhitze:	200–220 °C (vorgeheizt)
Heißluft:	180–200 °C (nicht vorgeheizt)
Gas:	Stufe 3–4 (nicht vorgeheizt)
Backzeit:	20–35 Minuten.

4. Bitte einen Erwachsenen, die Garprobe zu machen. Das geht so: Man sticht mit einer Gabel hinein. Wenn es sich weich anfühlt, ist der Bratapfel fertig.

Tip!

Einige Apfelsorten sind schneller gar, andere brauchen länger. Verbrenn Dir nicht die Zunge! Die Bratäpfel werden sehr heiß.

Ananas

Diese Frucht mit dem lustigen Schopf aus Blättern gedeiht im tropischen Klima – auch im Winter, wenn es hier sehr kalt ist. Sie sieht aus wie ein riesiger Kiefernzapfen und ist schwer. Unter ihrer schuppigen Schale sitzt sehr süßes und saftiges Fruchtfleisch. Es herauszulösen, gelingt nicht jedem. Erwachsene schaffen das leichter. Frische Ananas schmecken viel besser als die eingelegten aus der Dose. Wenn Du viele Gäste hast, biete ihnen Ananasbowle an.

Ananasbowle

1	Ananas
250 g	Erdbeeren
2 Flaschen	Mineralwasser

1. Bitte Deine Eltern, die Ananas zu zerschneiden: Kappe abtrennen, die Frucht der Länge nach halbieren und jede Hälfte noch einmal teilen. Dann die Schale abtrennen und das Fruchtfleisch kleinschneiden.
2. Gib die Ananasstücke mit den geputzten, abgespülten Erdbeeren in ein Bowlengefäß oder eine Glasschüssel.
3. Wenn das Mineralwasser draufgegossen wird, sprudelt Deine Bowle vor Vergnügen - und Du?

Gefüllte Ananas

1 Ananas
250 g Erdbeeren

1. Schneide die obere Kappe der Ananas ab und trenne mit einem Löffel das Fruchtfleisch aus dem unteren Teil. Das ist Schwerstarbeit, Du brauchst bestimmt einen starken Helfer.
2. Zerteile das Fruchtfleisch und mische Erdbeeren darunter – im Sommer frische, im Winter tiefgekühlte.
3. Fülle alles wieder in das Ananas-"Gefäß". Sieht das nicht eindrucksvoll aus? Das Beste ist, daß Du hinterher nicht mal abwaschen mußt, denn die "Schüssel" wird weggeworfen. Diesen Trick kennen nicht mal viele Erwachsene, Du kannst damit ruhig ein bißchen angeben.
4. Setze zum Schluß den Ananas-Deckel darauf und serviere die Frucht.

Falls Du nicht so viel Zeit hast oder Dir kein Großer beim schwierigen Schälen der Ananas helfen kann, nimmst Du einfach Früchte aus der Dose.
Bewahre den Schopf einer frischen Ananas auf, kratze das Fruchtfleisch heraus und pflanze die kleine Palme in einen Blumentopf. Wenn Du Glück hast, wächst daraus eine richtige Ananas-Staude.

Bananen

Bananen sind krumm, und ihre Schale läßt sich wie ein Reißverschluß öffnen. Unreife Früchte erkennst Du an der grünen Schale; wenn sie überreif sind, färbt sich die Schale bräunlich. Bananen wachsen an bis zu 10 Meter hohen Stauden, manchmal mehr als 100 Stück. Unter der glatten Schale sitzt süßes, weiches Fruchtmus, das sehr nahrhaft ist und deshalb sättigt. Wenn Du hungrig bist, reicht oft schon 1 Banane.

Wenn Du Durst hast, schmeckt Bananenmilch:

Bananenmilch

1	Banane
½ TL	Zitronensaft
1 TL	Zucker
250 ml (¼ l)	Milch

1. Zerdrücke die geschälte Banane mit Zitronensaft und Zucker mit der Gabel.
2. Rühre das Bananenmus in die Milch. Hmmm!

Eine süße Speise für Dich und 3 Freunde oder für Deine ganze Familie machst Du so:

Bananenigel

1 Glas	Nuß-Nougat-Creme
4	geschälte Bananen
	Zitronensaft
	abgezogene, gestiftelte Mandeln

1. Stelle das Glas Nuß-Nougat-Creme in einen Topf mit warmem Wasser (aber nicht auf der Herdplatte kochen lassen!). Die Creme erwärmt sich und wird dabei flüssig - beobachte das mal genau. Sie kann aber nicht anbrennen wie auf dem Herd.
2. Beträufle die geschälten Bananen mit Zitronensaft und gieß die flüssige Nuß-Nougat-Creme über die Bananen.
3. Noch lustiger sieht es aus, wenn Du vorher Mandelstifte in die Bananen gesteckt hast. Erinnert Dich das nicht an einen stacheligen Igel?

Obstsalat

(für 4 Personen)

2	Bananen
2	Orangen
2	Äpfel
1 EL	Zucker
	Saft von
½	Zitrone

1. Schäle die Bananen und Orangen. Wasche die Äpfel, schneide sie in Viertel und entferne das Kerngehäuse.
2. Schneide Bananen, Äpfel und Orangen in Stücke.
3. Mische das Obst mit dem Zucker und dem Zitronensaft und lasse es durchziehen.

Birnen

Der Birnbaum ist verwandt mit dem Apfelbaum, aber er benötigt mehr Wärme als dieser. Und deshalb reifen seine Früchte auch später: erst im Oktober. Birnen unterscheiden sich im Aroma voneinander, das kannst Du schmecken. Weil man weiche Birnen nicht wie Äpfel lagern kann, werden sie gleich roh gegessen, für den Wintervorrat eingekocht oder zu Saft verarbeitet. Die meisten Vitamine sitzen unter der Schale, iß sie deshalb immer mit. Aber spül die Birnen vorher gründlich ab!

Birnen mit Eis und heißer Schokolade

(für 4 Portionen)

2	große Birnen
1 l	Wasser
2 EL	Zitronensaft
2 EL	Zucker
1 Packung	Vanilleeis
1 Glas (250 ml)	Schokoladen-Dessert-Sauce

1. Schäle die Birnen und schneide sie der Länge nach durch. Jetzt läßt sich das Kerngehäuse mit einem Löffel gut herauslösen.
2. Koche die Birnen in dem Wasser mit Zitronensaft und Zucker weich.
3. Verteile das Vanilleeis auf 4 Schüsselchen und lege je 1 Birnenhälfte darauf.
4. Erhitze die Schokoladen-Dessert-Sauce in warmem Wasser und gieß die Sauce über den Nachtisch – läuft Dir da nicht das Wasser im Mund zusammen?

Birnenkompott ist kinderleicht zu kochen, das kannst Du gut selbst machen:

Birnenkompott

4 oder 5	Kochbirnen (das sind die kleinen)
1 l	Wasser
3 EL	Zucker
Saft von ½	Zitrone

1. Schäle die Kochbirnen, schneide sie in Stücke und entferne dabei das Kerngehäuse, sonst kaust Du später immer auf den Kernen herum.
2. Gieße das Wasser, mit dem Zucker gesüßt, in den Topf und gib den Zitronensaft dazu. Wenn Du die Birnen hineinlegst, bleiben sie schön hell (ohne Zitronensaft werden sie dunkel und sehen unappetitlich aus).
3. Laß die Birnen bei kleiner Hitze 7 Minuten zugedeckt kochen – fertig ist Dein Birnenkompott.

Tip!

Am besten schmeckt das Birnen-Kopmpott kalt. Du solltest es also nicht ungeduldig aus dem Topf naschen, sondern abkühlen lassen, bevor Du es servierst.

Blumenkohl

Blumenkohl – ist das nicht ein lustiger Name? Guck mal genau hin, dann wirst Du feststellen, daß der fleischige Kohlkopf aus vielen »Blüten« besteht. Im Sommer, wenn es warm ist, – Juni, Juli, August –, ist Haupterntezeit für Blumenkohl. Vielleicht kennst Du sogar einen Garten, in dem er wächst? In dem Kohlkopf versteckt sich gern Ungeziefer. So lockst Du es heraus: Lege den Kohl in stark gesalzenes Wasser, zuerst den Strunk nach unten, dann umgekehrt. Nach 15 Minuten schwimmen alle Tierchen im Wasser und Du kannst den Blumenkohl zubereiten.

Mit weißer Sauce hast Du Blumenkohl sicher schon oft gegessen. »Eingewickelte Kohlröschen« sind dagegen viel interessanter:

Eingewickelte Kohlröschen

1 kleiner	Blumenkohl
1 l	Wasser
1 EL	Essig
½ TL	Salz
einige Scheiben	Schinken, Fleischwurst, Putenbrust

1. Entferne zuerst die grünen Blätter und schneide den Strunk ab, dann reinige den Kohl.

2. Koche ihn in Wasser mit Essig und Salz auf.

3. Schnell den Deckel darauf und die Hitze runterschalten. Nach 15 Minuten ist der Kohl gar.

4. Hole ihn mit einer Schaumkelle heraus – laß Dir ruhig dabei helfen – und laß ihn abkühlen.

5. Teile ihn in Kohlröschen und wickele um jedes 1 Scheibe Schinken oder Fleischwurst oder Putenbrust oder Salami oder Rotwurst oder ...

Hast Du schon mal rohen Blumenkohl gegessen?

Blumenkohlrohkost

½	Blumenkohl (400 g)
1 EL	Essig
2 EL	Kondensmilch
1 EL	Speiseöl
1 Messerspitze	Salz
	frisch gemahlener Pfeffer

1. Wasche den Kohl und hobele ihn auf einer Rohkostreibe.

2. Rühre dann aus Essig, Kondensmilch, Öl und Salz – nicht zuviel, denn Salz ist ungesund – und ganz wenig Pfeffer eine Sauce.

3. Gieße sie über den geraspelten Kohl und laß den Salat ½ Stunde durchziehen, dann schmeckt er besser, als wenn Du ihn sofort servierst.

Damit kannst Du Deine Familie überraschen, denn manchmal hat Deine Mutti bestimmt keine Lust zu kochen und freut sich über Deine Hilfe. Besonders, wenn Du so etwas Feines anbietest.

Bohnen

Manche Bohnen winden sich an einer Stange hoch, andere wachsen in dichten Büschen. Es gibt viele Arten. Große, flache Bohnen nennt man auch Schnittbohnen. Sie haben große Kerne und grobes Hülsenfleisch. Brechbohnen sind ganz zart. Sie haben feines Fruchtfleisch, kleine Kerne und eine runde Form.

Manchmal kann man die Hülsen gar nicht mitessen, weil sie zu grob sind, zum Beispiel bei Dicken Bohnen. Nur ihre flachen Kerne lassen sich als Gemüse verwenden. So gut die meisten Gemüsesorten auch roh schmecken: Bohnen darfst Du nie im Garten pflücken und gleich in den Mund stecken. Nur gekocht sind sie genießbar. Rohe Bohnen enthalten Gift, aber beim Kochen wird es zerstört. Du brauchst also keine Angst zu haben.

Wenn es bei Euch Dicke Bohnen gibt, sagt die Mutti – oder kocht Vati? – bestimmt manchmal: “Die Bohnen müssen gepalt werden.” Das ist genau das Richtige für Kinderhände, die können das nämlich besonders flink. Und es macht Spaß, wenn Du die Bohnen aufdrückst und die großen Kerne, die dicht nebeneinander sitzen, mit dem Daumen rausflitzen läßt. Aber nicht so weit schießen, sie sollen ja in den Topf. Auch bei der Vorbereitung von Schnittbohnen bist Du eine große Hilfe: Falls sie einen Faden haben – laß ihn Dir zeigen! – muß Du den abziehen. Dazu verraten wir Dir einen Trick: Lege die Bohnen kurz in heißes Wasser, dann hast Du weniger Mühe damit.

Bohnengemüse

(Für 4 Portionen)

750 g	grüne Bohnen
	kochendes Salzwasser
2	Zwiebeln
40 g	Butter oder Margarine
	Salz
	frisch gemahlener Pfeffer
	gerebeltes oder frisches Bohnenkraut
1 EL	gehackte Petersilie

1. Schneide oder brich die vorbereiteten Bohnen in Stücke.
2. Gib die Bohnen in das Salzwasser und laß sie in 15–20 Minuten gar kochen. Gib sie zum Abtropfen auf ein Sieb.
3. Pell die Zwiebeln ab, schneide sie in Würfel und dünste sie in zerlassener Butter oder Margarine hellgelb.
4. Gib die Bohnen dazu, laß sie kurz mit andünsten.
5. Würze das Gemüse mit Salz, Pfeffer oder Bohnenkraut und bestreue es mit der Petersilie.

Mach mit einer Freundin, einem Kumpel oder Deinen Geschwistern einen Wettbewerb im Bohnenkern-Züchten: Lege den Boden einer Schüssel mit Watte aus – auch Papiertaschentücher oder Küchenpapier eignen sich – und befeuchte sie mit Wasser. Dann streust Du Bohnenkerne darauf und deckst eine weitere Lage feuchte Watte darüber. Die Kerne saugen sich voll und platzen irgendwann auf. Kurz danach bilden sich oben Triebe und unten Wurzeln. Jetzt kannst Du sie in einen Blumentopf pflanzen. Vergiß nie, sie regelmäßig zu gießen. Irgendwann werden richtige Bohnenpflanzen daraus, die Du später in den Garten setzen kannst. Hast Du keinen? Dann findest Du vielleicht in einem Gebüsch einen geheimen Platz für Deine Bohnenzucht. Und vielleicht wirst Du sogar Sieger: »Bohnenkern-Züchter-Weltmeister«.

Brombeeren

Brombeeren haben Stacheln. Das hat Du wohl schon mal gefühlt. Wo erst weiße und rosa Blüten sitzen, wachsen später die saftigen Beeren. Im August und September sind sie ausgereift, dann glänzen sie fast schwarz. Betrachte sie genau, dann erkennt Du, daß ganz viele winzige Früchte, das sind die Kügelchen, sich zu einer Beere zusammengeschlossen haben. Sammelfrucht sagen Erwachsene, die Ahnung davon haben, dazu. Brombeeren sind recht empfindlich. Am besten, Du ißt sie sofort auf, denn sie verlieren schnell Saft.

Wenn Du eine gute Brombeer-Quelle weißt, lohnt es sich, Konfitüre daraus zu kochen. Aber das ist nicht so einfach. Überlaß das lieber einer erfahrenen Hausfrau, zum Beispiel Mutti, Omi oder Tante. Vielleicht kochen sie Dir welche. Denn selbstgemachte Konfitüre schmeckt wesentlich besser aus gekaufte – richtig nach Früchten, nicht nur süß.

Brombeerkonfitüre

1 kg Brombeeren (vorbereitet gewogen)
1 kg Gelierzucker

Die sauberen Früchte werden mit dem Gelierzucker aufgekocht, der sich bildende Schaum abgeschöpft und in gründlich gereinigte und gespülte Gläser mit Schraubverschluß gefüllt. Beim Vorbereiten der Früchte und Spülen der Gläser kannst Du auf jeden Fall helfen.

Oder trinkst Du gern Saft? Brombeersaft ist eine Delikatesse. Aber Du mußt mit heißen Zutaten hantieren. Deshalb sollte ein Großer in der Nähe sein. Verbrannte Finger hälst Du sofort unter kaltes Wasser. Ganz lange!

Brombeersaft

1 kg	Brombeeren
500 ml (1/2 l)	Wasser
1 kg	Zucker

1. Wasche die entstielten Beeren in kaltem Wasser und zerstampfe sie in einem Kochtopf.
2. Koche diesen Fruchtbrei mit dem Wasser kurz auf und gieße ihn dann durch ein Sieb – dabei brauchst Du Hilfe – in einen zweiten Kochtopf.
3. Koche diesen Saft mit Zucker auf und fülle ihn – wieder mit Hilfe eines Erwachsenen – in Flaschen, die Du vorher heiß ausgespült hast. Lege ein feuchtes Tuch darunter, dann können die Flaschen nicht platzen.
4. Nach dem Abkühlen bittest Du jemanden, die Flaschen fest mit Korken zu verschließen.

Weißt Du, daß Brombeersaft ein Wundermittel gegen Halsschmerzen ist? Aber auch wenn Du gesund bist, schmeckt er prima. Am besten stillst er den Durst, wenn Du ihn mit Leitungs- oder Mineralwasser verdünnst.

Erbsen

Erbsenschoten wachsen an einer rankenden Pflanze, die am Boden kriecht oder an Reisigstöckchen emporklettert. In jeder grünen Schote sitzen hellgrüne kugelrunde Erbsen - wie Perlen. So lange sie ganz jung sind, schmecken sie roh am besten, weil sie sehr süß sind. Die verschiedenen Erbsensorten haben lustige Namen. Es gibt Zuckererbsen und Schalerbsen oder Buscherbsen. Am besten gefällt Dir wohl der Name Kichererbsen, was?

Erbsen lassen sich sehr leicht aus den Hülsen lösen. Pulen oder palen sagt man dazu. Dazu drückst Du mit dem Daumen auf die runde Seite der Schote - schon springt sie auf und die Erbsen kommen zum Vorschein. Von Zuckererbsen kannst Du auch die Schoten mitessen. Aber wasch sie vorher gründlich und zupfe die Stiele ab.

Führ Deiner Familie ab und zu vor, was Du Tolles kochen kannst. Zum Beispiel etwas ganz Feines mit einem ulkigen Namen:

Kullererbsen-Salat

3	hartgekochte Eier
Saft von ½	Zitrone
	Salz
3 EL	Speiseöl
150 g	Edamer, gewürfelt
150 g	Fleischwurst, gewürfelt
3 Scheiben	Ananas, in Stücke geschnitten
250 g	gekochte Erbsen
	Petersilie oder Schnittlauch

Nun geht's los:

1. Pelle die Eier und zerdrücke sie dann mit einer Gabel in der Salatschüssel.
2. Dann gibst Du den Zitronensaft, Salz und Öl hinein und verrührst alles.
3. Mische Käse, Wurst, Ananas und Erbsen darunter - am besten mit zwei Eßlöffeln.

4. Laß den Salat mindestens 1 Stunde kalt stehen.

5. Bevor Du ihn servierst, wäschst Du die Kräuter, schneidest sie mit der Küchenschere sehr fein und bestreust Deinen Kullererbsen-Salat damit.

Tip!

Tiefgekühlte Erbsen oder Erbsen aus dem Glas gibt es das ganze Jahr.

Magst Du Erbensuppe von frischen Erbsen?

Erbsensuppe

- 1 l Gemüse- oder Hühnerbrühe
- Salz
- 250 g Erbsenschoten
- etwas Suppenwürze

1. Koche die Brühe mit etwas Salz auf.
2. Dann gibst Du die Erbsenschoten ins kochende Wasser, legst den Topfdeckel darauf und schaltest die Hitze runter. Nach 20 Minuten sind die Erbsen weich.
3. Wenn Deine Eltern in der Nähe sind, bitte sie, die Erbsen zu pürieren. Sonst läßt Du sie ganz.
4. Würze das Ganze mit Suppenwürze.

Erdbeeren

Daß jemand Erdbeeren nicht mag, kann man sich kaum vorstellen, oder? Sie wachsen dicht über der Erde, und deshalb heißen sie Erdbeeren. Wenn Du die knallrote Frucht mal unter der Lupe betrachtest, entdeckst Du viele winzige Körnchen auf der Oberfläche. Du wirst es nicht glauben, aber das sind eigentlich die Früchte. Viel zu klein, um sie zu essen, findest Du nicht? Uns schmecken die Scheinfrüchte viel besser. Und zwar am besten frisch gepflückt. Wenn Stiel und Blüte abgezupft sind, brauchst Du sie nur noch zu waschen. Aber nicht unter dem Wasserhahn, sondern im Becken.

Die beste Milch der Welt machst Du Dir so:

Erdbeermilch

10	geputzte Erdbeeren
250 ml (¼ l)	Buttermilch
1 EL	Zucker

1. Zerdrücke die Erdbeeren mir der Gabel und rühre diesen Brei in die Buttermilch ein.
2. Laß den Zucker hinheinrieseln und rühre kräftigt – fertig ist der Stark-Macher.

Tip! Biete Deinen Freunden so ein leckeres Getränk an. Das schmeckt besser als Cola oder Limonade.

Naschst Du gern? Dann ist Quark-Stippe bestimmt genau nach Deinem Geschmack. Du kannst sie blitzschnell zubereiten, wenn Du Appetit auf etwas Süßes hast:

Quark-Stippe

250 g	Quark
1 EL	Zucker
125 ml (⅛ l)	Milch
	Erdbeeren

1. Verrühre den Quark mit dem Zucker und der Milch.
2. Wasche Erdbeeren, laß aber die Blättchen und Stiele dran, weil Du die als »Griff« benutzen kannst.
3. Nun stippst Du jede Beere in den Quark und steckst sie dann in den Mund.
   Die Beeren lassen sich mit den Zähnen gut von den Stielen abziehen. Ist das nicht praktisch?

Tip!

Das kannst Du übrigens auch mit anderen Früchten machen, wenn gerade keine Erdbeer-Zeit ist. Oder habt Ihr eine Tiefkühltruhe? Dann bist Du fein raus und kannst sogar im Winter Quark-Stippe mit Erdbeeren essen.

Grapefruit

Sie ist rund wie eine Orange, aber viel größer, süß-sauer und gelb; und sie ist nicht ganz so sauer wie eine Zitrone, die Grapefruit hat gelbes Fruchtfleisch. Sicher schmeckt sie Dir gesüßt am besten, zum Beispiel mit Honig, den Du über das Fleisch träufelst. Übrigens: Es gibt auch Grapefruits mit rosa Fruchtfleisch, die etwas süßer sind. Die rosa Grapefruits heißen »Red Blush« oder »Ruby Red«. Das ist englisch und bedeutet, daß die Früchte, genau wie Du, rote Bäckchen haben. Auf jeden Fall solltest Du im Winter häufig Grapefruits essen, weil sie viel Vitamin C spenden – das schützt Dich vor Erkältungen.

Grapefruitsaft

1 Grapefruit
etwas Zucker

1. Schneide dazu die Grapefruit quer durch, möglichst weit oben.
2. Presse beide Teile aus und süße den Saft evtl. etwas.
3. Fülle den Saft hinterher in die untere Schale fülle und trinke ihn mit einem Strohhalm aus.

Gefüllte Grapefruits sehen so gut aus wie sie schmecken:

Gefüllte Grapefruit

1	Grapefruit
1 TL	Zucker
2 EL	Joghurt

1. Schneide wieder die Grapefruit möglichst weit oben quer durch und trenne das Fruchtfleisch aus beiden Hälften heraus. Das ist aber nicht einfach!
2. Schneide das Fruchtfleisch klein, mische es mit Zucker und Joghurt und fülle es in die größere Grapefruit-Schale.

Halbe Grapefruits solltest Du witzig dekorieren, zum Beispiel als:

Blume: Leg in die Mitte eine Kirsche und drumherum 5 Weintrauben.

Ein lustiges Gesicht »malst« Du, indem Du 2 Kirschen als Augen, 1 Weintraube als Knubbelnase benutzt und den Mund aus Konfitüre schmierst. Wie gefällt Dir die Frisur aus Rosinen?

Eine Uhr entsteht, wenn Du 12 Rosinen für die Stundeneinteilung und 2 Schoko- oder Lakritzstangen als Uhrzeiger auf die Fruchthälfte legst. Sicher hast Du noch viel bessere Ideen. Versuch`s mal!

Gurken

Gurken haben viele Kerne, aber saftiges Fleisch. Es gibt große und kleine, runde und schlanke – wie bei den Menschen auch. Die längliche Salatgurke ißt man roh ohne Schale. Schmorgurken sind klein und dick, und weil ihr Fruchtfleisch nicht so zart ist, schmort man es, bis es weich ist. Die kleinen Gürkchen legt man als Pfeffergurken ein, die großen als Salz- oder Sauergurken mit Essig und Gewürzen. Sie werden samt Schale eingemacht und schmecken später säuerlich. Magst Du das?

Habt Ihr einen Gurkenhobel in der Küche? Wenn Du damit die Gurke nicht gut in Scheiben schneiden kannst, nimmst Du ein Messer dafür. Das geht vielleicht besser. Oder bitte jemanden, Dir die Gurke zu hobeln. Du hilfst ihm dafür auch mal.

Im Sommer schwitzt man leicht. Dagegen gibt es ein prima Mittel: Lege Dir die Schale einer Salatgurke, die sonst weggeworfen wird auf's Gesicht. Der Gurkensaft kühlt so angenehm.

Salat erfrischt und macht munter. So bereitest Du ihn zu:

Gurkensalat

1	Salatgurke
1 Bund	Radieschen
1	grüne Paprikaschote
1 Becher	Joghurt
	Salz
	frisch gemahlener Pfeffer
	gehackte Petersilie

1. Schäle die Salatgurke und hoble sie in dünne Scheiben.
2. Entferne von den Radieschen Stiele und Wurzeln und schneide die gewaschenen roten Knollen ebenfalls in Scheiben.

3. Teile die Paprikaschote nach dem Waschen, hole die Kerne heraus – pflanze sie doch mal ein und warte, was daraus wird! – und schneide das Fruchtfleisch in Streifen.
4. Für die Sauce verrührst Du den Joghurt mit etwas Salz und Pfeffer und gießt ihn über den Salat.
5. Zum Schluß streust Du noch gehackte Petersilie darüber. Nach dem Essen kannst Du Bäume ausreißen. Oder Superman spielen.

»Die Augen essen mit«, sagen die Großen oft – und das stimmt: Was hübsch aussieht, schmeckt besser.

Gefüllte Gurken

1 Salatgurke
Salz
frisch gemahlener Pfeffer

zum Füllen z.B.
kleine Fleischklopse
Würstchen mit Salatblatt
geraspelte Möhren mit Zitronensaft
Wurst- oder Käsewürfel

1. Schäle die Salatgurke und schneide sie in etwa 6 Zentimeter lange Stücke.
2. Höhle sie mit einem Löffel aus, aber laß den Boden stehen!
3. Würze die »Tonnen« und fülle hinein, was Du magst: kleine Fleischklopse, Würstchen mit Salatblatt, geraspelte Möhren mit Zitronensaft, Wurst- oder Käsewürfel. Fällt Dir noch mehr ein?

Heidelbeeren

Wie nennst du die saftigen Beeren, die in der Heide und in Nadelwäldern wachsen: Heidel- oder Blaubeeren? Im Juli und August findest Du sie an niedrigen Sträuchern. Erwachsene übersehen sie leicht, weil sie sich nicht tief genug bücken. Das ist deine Chance! Pflücke nur die blauschwarzen Beeren, die grünen sind noch unreif. Aber drücke sie nicht, denn sie sind sehr empfindlich und verlieren leicht Saft. Und der Saft ist gerade das Beste. Iß sie gleich vom Strauch weg, wenn's nicht zu viele sind.

Heidelbeeren wäschst Du in kaltem Wasser und läßt sie in einem Sieb abtropfen. Überstreue sie mit Zucker und gieße anschließend so viel Milch darüber, daß nur noch dunkelblaue Punkte zu sehen sind. Oder magst Du keine Milch? Dann laß Dir Vanillesauce dazu kochen.

Möchtest Du Deine Eltern mal wieder zum Essen einladen? Dann laß Dir etwas einfallen, das Du ganz allein zubereiten kannst. Zum Beispiel Heidelbeer-Quarkspeise:

Heidelbeer-Quarkspeise

(Für 4 Personen)
(Oder seid Ihr nur zu zweit?
Dann behälst Du den Rest für den Abend in Reserve)

250 g	Heidelbeeren
100 g	Zucker
1 Packung	Galetta
250 ml (½ l)	Milch
250 g	Quark

1. Laß die gewaschenen Heidelbeeren auf einem Sieb abtropfen und zuckere sie in einer Schüssel.
2. Rühre den Inhalt der Tüte Galetta einfach in die Milch und mische anschließend den Quark darunter.
3. Jetzt schichtest Du abwechselnd Früchte und Quarkspeise in 4 Gläser.

Heidelbeeren kannst du niemals unbemerkt naschen, sie hinterlassen immer Spuren. Guck mal in den Spiegel und lache: Die Zähne sind blau, als hättest Du Tinte getrunken. Wenn Du sie kräftig putzt, werden sie wieder weiß. Und Flecken auf der Kleidung entfernst Du mit Zitronensaft. Oder hol Dir »Fleckenteufel« aus der Drogerie!

Himbeeren

Was Sammelfrüchte sind, hast Du schon bei den Brombeeren gelesen. Himbeeren setzen sich ebenfalls aus vielen kleinen Steinfrüchten zusammen: Bei Kauen spürst Du die winzigen Kernchen: Leider wissen auch Maden, daß Himbeeren gut schmecken. Deshalb nisten sie sich gern im Innern der Frucht ein. Willst Du sie überlisten herauszukommen? Dann fülle einen Emailtopf dreiviertel voll mit Beeren und lasse ihn zugedeckt einen halben Tag an einem kühlen Platz stehen. Wenn Du danach den Deckel abnimmst, haben sich alle frechen Maden – falls es welche gibt – am inneren Deckelrand gesammelt.

Himbeersaft ist sehr süß. Du solltest ihn immer mit Wasser oder Mineralwasser verdünnen, dann löscht er besser den Durst. Unverdünnt schmeckt er zu Grießbrei. Beim Saftkochen kannst Du helfen:

Himbeersaft

1 kg	Himbeeren
500 ml (½ l)	Wasser
1 kg	Zucker

1. Stampfe die gewaschenen Himbeeren in einem Kochtopf zu Mus, gieße das Wasser dazu und lasse alles kurz aufkochen.
2. Deine Mutter schüttet den Inhalt durch ein Sieb in einen zweiten Topf. Und Du kochst alles mit dem Zucker auf.
3. Spüle die Flaschen heiß aus und stelle sie auf ein feuchtes Tuch, damit sie nicht platzen können.
4. Aber beim Eingießen des Saftes brauchst Du wieder Hilfe, weil Du Dich leicht verbrennen könntest.

5. Du mußt aber unbedingt die Korken in heißes Wasser legen, bevor sie auf die Flaschen gesteckt werden.

Falls Du Dich doch verbrennst: Sofort die Haut unter dem kalten Wasserstrahl kühlen. Ganz lange!

Guck zu, wie man Pudding kocht und hilf bei den Vorbereitungen:

Himbeerpudding

250 g gewaschene Himbeeren (ohne Stiele und Blätter)
100 g Zucker
2 EL Pudding-Pulver Vanille-Geschmack
4 EL Wasser
1 EL Zitronensaft

1. Vermische die Himbeeren mit dem Zucker und laß sie eine Weile stehen. Nach 30 Minuten hat sich Saft gebildet.

2. Koche das Ganze auf und streiche es durch ein Sieb in einen zweiten Topf, laß Dir dabei von einem Erwachsenen helfen. Laß das Ganze wieder aufkochen und nimm es sofort von der Herdplatte.

3. Verrühre in der Zwischenzeit das Pudding-Pulver mit Wasser und rühre es unter die heiße Himbeermasse.

4. Laß die Masse noch einmal aufkochen und rühre dabei kräftig um. Sowie der Pudding blubbert und Blasen wirft, rührst Du den Zitronensaft darunter.

Kalt schmeckt Pudding am besten, Du mußt also etwas Geduld aufbringen.

Johannisbeeren

Sieht es nicht drollig aus, wenn die kleinen kugeligen Früchtchen zusammen eine Traube bilden? Es gibt rote, weiße und schwarze Johannisbeeren. Beim Probieren wirst Du feststellen, daß jede Farbe auch anders schmeckt. Mach mal mit geschlossenen Augen die Probe! Die roten und weißen sind säuerlich, die schwarzen haben ein sehr starkes Aroma. Herb sagt man dazu. Rote und weiße Johannisbeeren ißt man roh oder man macht Kompott oder Konfitüre daraus. Die schwarzen schmecken am besten als Saft.

Willst Du Johannisbeeren von den Stielen lösen? Dann brauchst Du sie nicht einzeln abzuzupfen. Viel schneller geht es, wenn Du sie mit den Zinken einer Gabel abstreifst. Dann schaffst Du alle auf einmal, und die Früchte werden nicht so leicht zerdrückt. Gezuckert schmecken die Beeren noch saftiger, laß sie eine Weile durchziehen. Oder koch sie nach dem Zuckern kurz auf, dann hast Du ein erfrischendes Kompott.

Wenn Dich ein Freund oder eine Freundin besucht, solltest Du als Gastgeber etwas Leckeres anbieten, das Du selbst zubereitet hast. Wie wär's mit Johannisbeer-Dickmilch? Dieses Rezept reicht für 2 Personen. Wenn Du mehr Gäste hast, nimmst Du jeweils die doppelte Menge der Zutaten.

Johannisbeer-Dickmilch

250 g	rote Johannisbeeren
3 gehäufte EL	Zucker
500 ml (½ l)	Dickmilch

1. Wasche die Johannisbeeren und behalte einige Trauben zum Garnieren zurück.
2. Streife die anderen von den Stielen ab und bestreue sie mit 2 gehäuften Eßlöffeln Zucker.
3. Verrühre die Dickmilch mit dem restlichen Zucker.
4. Fülle nun abwechselnd Johannisbeeren und Dickmilch in Portionsschälchen. Obendrauf legst Du als Verzierung besonders schöne rote Trauben. Sieht das nicht verlockend aus?

Was ißt Du am liebsten auf Deinem Frühstücksbrötchen? Konfitüre, stimmt's? Dann laß Dir von Deiner Mutti oder Omi Konfitüre kochen.

Johannisbeerkonfitüre

250 g	rote Johannisbeeren (vorbereitet gewogen)
250 g	schwarze Johannisbeeren (vorbereitet gewogen)
500 g	Gelierzucker

Die sauberen Früchte werden mit dem Gelierzucker aufgekocht – dabei bildet sich Schaum, der abgeschöpft werden muß – und dann in Gläser gefüllt.
Beim zweitenmal kannst Du das schon alleine.

Kartoffeln

Kartoffeln werden nicht gesät, sondern man gräbt im Frühjahr Knollen ein, aus denen sich über der Erde Triebe, später kleine Sträucher entwickeln. Auch unter der Erde tut sich was: Es bilden sich lange Wurzeln und an deren Enden wachsen neue Kartoffeln. So werden aus einer Kartoffel ganz viele neue, die man bei der Ernte aus dem Boden hackt. Pellkartoffeln werden in der Schale gekocht, sie sind am gesündesten. Salzkartoffeln werden vor dem Kochen geschält. Gekochte Kartoffeln kann man stampfen oder pürieren, so entsteht Kartoffelbrei. Und wenn man sie in Scheiben schneidet und brät? Bratkartoffeln. Rohe geschälte Kartoffeln lassen sich reiben und dann als Kartoffelpuffer in der Pfanne braten. Kartoffelsalat bereitet man auch aus gekochten, in Scheiben geschnittenen Kartoffeln. Übrigens: Es gibt mehlige und festkochende Kartoffeln. Welche würdest Du für Kartoffelbrei nehmen? Und welche für Salat?

Gebackene Kartoffeln gelingen Dir auf Anhieb:

Gebackene Kartoffeln

pro Person

1 mittelgroße Kartoffel
Alufolie
Speiseöl

1. Schrubbe die Kartoffeln und schneide sie durch.
2. Wickele sie in Alufolie, die Du vorher dünn mit Öl einpinselst, und laß sie im Backofen garen.

Ober-/Unterhitze:	200–220 °C (vorgeheizt)
Heißluft:	180–200 °C (nicht vorgeheizt)
Gas:	Stufe 4–5 (nicht vorgeheizt)
Backzeit:	40–50 Minuten.

3. Nach dem Öffnen der (heißen!!) Folie kannst du sie zu Kräuterquark auslöffeln.

Kräuterquark

250 g Quark
2 EL Milch
3 EL Crème fraîche
Salz
2 EL feingeschnittener Schnittlauch oder gemischte, gehackte Kräuter, z.B. Kresse und Petersilie

1. Verrühre den Quark mit Milch und Créme fraîche.
2. Würze den Quark mit etwas Salz.
3. Rühre den Schnittlauch oder die Kräuter unter den Quark.

Kartoffelchips

500 g	festkochende Kartoffeln
150–200 ml	Speiseöl
	Salz
	Paprikapulver rosenscharf

1. Schäle und wasche die Kartoffeln und schneide sie auf einer Reibe oder mit einer Küchenmaschine in dünne Scheiben.

2. Bei dem, was jetzt kommt, mußt Du Dir von einem Erwachsenen helfen lassen. Das Öl muß nämlich in einem Topf auf 160–170 °C erhitzt werden **(ACHTUNG SPRITZGEFAHR!)**,

dann die Kartoffelscheiben in kleinen Portionen kurz darin blanchierten, auf einem Rost ausbreiten und abkühlen lassen.

3. Anschließend werden die Kartoffeln nochmals in das heiße Fett gegeben, bis sie hellbraun sind, wieder auf einem Rost abkühlen lassen.

4. Nun bist Du wieder an der Reihe: Bestreue die Chips mit Salz und Paprika.

Tip!

Die Chips kann man natürlich auch in einer Friteuse machen.

Kartoffelbrei mögen viele Kinder, mancherorts wird er auch Kartoffelpüree genannt.

Kartoffelbrei

1 kg	mehlig-kochende Kartoffeln
1 TL	Salz
etwa 250 ml (¼ l)	Milch
20 g	Butter

Gut schmecken zum Kartoffelbrei die ausgebackenen Zwiebelringe von Seite 89 oder Du rührst 4 Eßlöffel geriebenen Käse vor dem Servieren unter den Kartoffelbrei.

1. Wasche und schäle die Kartoffeln und schneide sie klein.
2. Koche die Kartoffeln in wenig Salzwasser 15-20 Minuten.
3. Laß einen Erwachsenen die Kartoffeln abgießen (es entsteht heißer Dampf, an dem Du Dich böse verbrennen kannst!)
4. Drücke die Kartoffeln durch eine Kartoffelpresse, es entstehen lauter Kartoffelfäden, oder püriere sie.
5. Bring die Milch zum Kochen und rühre sie nach und nach unter die Kartoffelmasse (die Menge der Milch hängt von der Beschaffenheit der Kartoffeln ab).
6. Rühre zuletzt die Butter unter den Kartoffelbrei und schmecke ihn mit etwas Salz ab.

Laß Dir zeigen, wie man aus Kartoffeln einen Druckstempel für Plakafarbe schnitzen kann.

Kirschen

Kirschen wachsen auf dem Baum. Im Frühjahr bilden sich weiße Blüten, aus denen im Juni saftige kleine Steinfrüchte werden. Man nennt sie so, weil sie einen Kern haben (mit dem Du Weitspucken üben kannst, wenn keiner in der Nähe ist). Es gibt süße und säuerliche Kirschen, gelbe, rote und dunkelrote. Wenn Du Kirschen waschen willst, laß die Stiele dran, sonst »bluten« die Früchte - so sagt man, wenn sie Saft verlieren. Beim Nachhause-Tragen bluten sie ebenfalls leicht.

Damit Du beim Essen nicht auf die Kerne beißt und dabei vielleicht einen Zahn verlierst, müssen Kirschen entsteint werden. Das ist recht mühsam, wenn die Frucht dabei heil bleiben soll.

Habt Ihr einen Kirschenentsteiner? Falls nicht, ist das kein Problem, dann bastelst Du Dir einen: Nimm eine gebogene Haarnadel (natürlich muß sie ganz sauber sein) und stecke die Spitzen in einen Korken. Mit dem gebogenen Ende stichst Du dort hinein, wo früher der Stiel saß und holst den Kern mit der Schlinge heraus.

Kirsch-Cocktail

250 g	entsteinte Kirschen
1 Becher	Joghurt
	Zucker
	Mineralwasser

1. Zerdrücke die entsteinten Kirschen mit der Gabel.
2. Mische Joghurt darunter und süße das Ganze mit Zucker.
3. Verrühre 1 gehäuften Eßlöffel dieser Mischung in 1 Glas Mineralwasser.

Wer wird Kirsch-König oder Kirsch-Königin? Alle Teilnehmer bekommen Kirsch-Zwillinge übers Ohr gehängt, dann erhält jeder eine Pappscheibe mit der gleichen Anzahl Kirschen. Nun muß man auf ein Signal so schnell wie möglich seine Fracht bis zur Ziellinie balancieren. Wer unterwegs eine Kirsche verliert, scheidet aus. Und der Schnellste ist natürlich Sieger.

Kohlrabi

Weil die dicke Knolle dieser Kohlart über der Erde wächst, wird sie auch Oberknolle genannt. Eigentlich ist es nur der verdickte Teil des Stengels. Faß die Knolle mal an: Ihre Schale ist mit einer Wachsschicht überzogen. Damit schützt sie sich vor Raupen, Würmern – und zuviel Sonne. Kohlrabi sieht grün oder violett aus – welche Farbe gefällt Dir besser? Die ganz großen Knollen sind weniger zart, manchmal sogar holzig. Du solltest sie deshalb nicht kaufen. Auch welke oder gelbe Blätter am Kohlrabi sind kein gutes Zeichen: nicht frisch genug. Und frisch muß er sein, damit er wirklich gut schmeckt. Auch roh ist Kohlrabi eine Delikatesse – und beim Kauen macht er herrlichen Krach.

Kohlrabi kannst Du wie einen Apfel schälen. Wenn es zu schwierig ist, bitte jemanden, das für Dich zu tun. Danach machst Du aber weiter:

Kohlrabisalat

2	Kohlrabi
1 TL	Zitronensaft
	Salz
	kleingeschnittene Petersilie

1. Du raffelst die Kohlrabi auf einer Rohkostreibe grob.
2. Wenn Du Zitronensaft daruntermischst, schmeckt der Salat herzhafter, eventuell kannst Du noch etwas Salz darüberstreuen.

3. Mische zum Schluß die Petersilie unter den Salat.

Wenn Du zwischendurch oft Hunger hast, gönn Dir einfach eine knackige Kohlrabi-Schnitte:

Trenne die Blattstiele von der Knolle ab, schäle den Kohlrabi und schneide ihn in fingerdicke Scheiben. Mit Petersilie bestreut und leicht gesalzen, schmeckt's am besten.

Tip!

So eine Riesenportion macht sehr satt. Wenn Du sie aufgegessen hast, wirst Du nichts anderes mehr essen mögen. Wenn Du nicht sehr hungrig bist, reicht die Menge für zwei: für Deinen Freund oder deinen Bruder, für Deine Freundin oder Deine Schwester. Oder für Deine Eltern, wenn sie mögen, was Du als Superkoch servierst.

Kopfsalat

Salat gibt es rund ums Jahr. Im Frühling und Sommer ist er besonders billig, weil er draußen wächst. Im Winter ist es zu kalt, da muß er im Treibhaus gezüchtet werden. Er sieht aber genauso aus: Viele Blätter umschließen sich ganz locker. Du kannst sie leicht auseinanderziehen. Dabei siehst Du, daß die äußeren groß und fest sind, die inneren ganz zart und gelblich. Das Innerste ist das »Herz« – und das ist am zartesten.

Kopfsalat muß Du vorsichtig behandeln. Die äußeren harten Blätter kannst Du wegwerfen. Trenne dann die einzelnen Blätter ab und reiße sie in mundgerechte Stücke: für ein kleines Mündchen recht klein, für Dein großes etwas größer. Dann wäschst Du den Salat unter fließendem Wasser, damit Sand und Insekten herausgespült werden. Wenn Du ihn im Sieb ausschwenkst, wird er nicht zerdrückt.

Ohne Sauce schmeckt Salat langweilig, oder? Aber mit Sauce ... hm!

Grüner Salat

1–2 TL	Essig
	Salz
	frisch gemahlener Pfeffer
3–4 EL	Speiseöl
1	sehr fein gewürfelte Zwiebel
1 EL	Kondensmilch
	gehackte Petersilie
	gewaschene Salatblätter von einem Kopf

1. Gib den Essig, ganz wenig Salz und Pfeffer, das Öl, die Zwiebelwürfel und die Kondensmilch in eine Salatschüssel und rühre kräftig um.
2. Lege die gewaschenen Salatblätter hinein und mische alles gut durch (am besten geht das mit sauberen Händen oder mit dem Salatbesteck).
3. Zum Schluß streust Du gehackte Petersilie darüber.

Ißt Du gern belegte Brote? Sicher nur, wenn sie ganz frisch sind. Und weißt Du, wie Du Brote frisch hälst? Mit Salatblättern.

Belegte Brote

2 Scheiben	Weißbrot
20 g	Butter
	gewaschene Salatblätter
	Käse
	Eierscheiben
	Fleischwurst

1. Bestreiche die Weißbrotscheiben mit Butter.
2. Lege auf eine der Scheiben gewaschene Salatblätter und darauf Käse, Eierscheiben oder Fleischwurst.
3. Mit weiteren Salatblättern deckst Du den Brotbelag zu und klappst die zweite Brotscheibe darauf (Butterseite natürlich auf den Salat, oder hast Du gedacht, umgekehrt?).

Auch wenn Du einen Teller mit Salatblättern auslegst, bevor Du belegte Brote darauftürmst, halten sich diese länger frisch.

Kürbis

Kürbispflanzen kriechen über den Boden, ihre großen Blätter und Ranken breiten sich dort aus. Die gelben Blüten sehen wie Glocken aus, später bilden sich daraus die Kürbisfrüchte. Der Kürbis hat eine dicke harte Schale, die das saftige Fruchtfleisch wie ein Panzer vor Ungeziefer schützt. Im September ist Erntezeit und viele Kürbiszüchter veranstalten einen Wettbewerb, wer den größten Kürbis gezüchtet hat. Bis zu 50 Pfund kann ein Super-Kürbis auf die Waage bringen. Wiegst Du mehr? Aber nicht mogeln und vier Pullover übereinander ziehen. Das gilt nicht.

Hast Du schon mal eine Kürbis-Grusel-Maske gesehen? Schneide um den Kürbis-Stiel eine Öffnung aus und höhle mit einem Löffel das Fruchtfleisch heraus. Gib es Deiner Mutter zur Verarbeitung und bewahre die Kerne auf! Ritze von außen in den Kürbis Löcher für die Augen, Nase und Mund. Warte, bis es dunkel ist, stelle ein Teelicht in die Maske und zünde es an. Es leuchtet gespenstisch und alle erschrecken sich – nur Du nicht. Kannst Du dazu unheimliche Geräusche machen?

Kürbissuppe gelingt Dir ohne Hilfe:

Kürbissuppe

250 g	von dem ausgehöhlten Kürbisfleisch
1 EL	Butter oder Margarine
	Salz
500 ml (½ l)	Wasser oder Fleischbrühe
	frisch gemahlener Pfeffer
	Suppenwürze
2 EL	Schinkenwürfel

1. Schneide das Kürbisfleisch in Würfel und laß die Kürbiswürfel in einem Kochtopf mit etwas Butter oder Margarine heiß werden.
2. Nach 5 Minuten würzt Du mit Salz und gießt das Wasser oder Fleischbrühe zu. Alles muß auf großer Hitze aufkochen und dann 20 Minuten bei kleiner Hitze köcheln. Dabei bleibt der Deckel drauf.
3. Dann ist der Kürbis weich und Du brauchst jemanden, der den Kürbis durch ein Sieb streicht. Du kannst die Würfel aber auch ganz lassen.
4. Würze das Ganze mit etwas Salz, Pfeffer und Suppenwürze.
5. Als Krönung streust Du Schinkenwürfel darüber.

Die Kürbiskerne läßt Du ein paar Tage trocknen, fädelst sie mit einer Nähnadel auf und verknotest die beiden Fadenenden. Willst Du lieber eine Kette oder ein Armband? Danach richtet sich die Länge des Fadens.

Melonen

Melonen lieben die Wärme - und bei Hitze schmecken sie auch am besten, weil sie den Durst löschen und erfrischen. Wassermelonen sind am größten. Sie haben rotes Fleisch und eine grüne Schale. Zuckermelonen sind kleiner und »zucker«-süß. Honigmelonen sind oval, ihre Schale ist gelb und das Fleisch schmeckt - na, eben wie Honig.

Mit Hilfe eines Erwachsenen »baust« Du ein Fruchtkörbchen. Der Große macht das Körbchen, Du den Salat. Wenn Du behutsam mit dem Messer umgehst, schaffst Du auch das Körbchen allein - vielleicht beim zweiten Mal?

Fruchtkörbchen

1	Wassermelone
100 g	Weintrauben
1	Banane
Saft von ½	Zitrone
1 EL	Zucker

1. Die Melone auf ein Brett legen - Stielende nach oben - und mit dem Brotmesser auf beiden Seiten des Stiels bis zur Hälfte durchschneiden (Guck Dir die Zeichnung oben an!) In gleicher Höhe beidseitig waagerecht einschneiden und die Viertel herausnehmen.

Den Rest machst Du:

2. Löffle das Fruchtfleisch heraus und schneide es in kleine Stückchen, entferne dabei die Kerne.
3. Wasche und halbiere die Weintrauben.
4. Schäle die Banane. Schneide die Banane in Scheiben. Mische alles mit Zitronensaft und Zucker und fülle es in das Körbchen. Sieht das nicht toll aus?

Liebst Du Überraschungen?

Überraschungsmelone

1	Zucker- oder Honigmelone
250 g	Erdbeeren
1 Becher	Joghurt
3 EL	Zucker

1. Wasche die Melone und schneide das obere Drittel waagerecht ab.
2. Dann löst Du mit einem Löffel aus beiden Melonenteilen das Fruchtfleisch heraus und sortierst die Kerne aus.
3. Zu den Melonenstückchen gibst Du die gewaschenen, halbierten Erdbeeren.
4. Verrühre Joghurt mit Zucker und gieß diese Sauce über das Obst.
5. Fülle alles in die Melone, lege den Melonendeckel darauf - und ab in den Kühlschrank.
6. Später verteilst Du Löffel und servierst Deine Überraschungsmelone.

Möhren

Gelbe Möhren, Mohrrüben, Wurzelgemüse – das sind alles Namen für Möhren. Die kleinen, kugelrunden, ganz jungen Möhren heißen Karotten. Man sagt, wer viele Möhren ißt, kann gut gucken. Möhren kannst Du das ganze Jahr über kaufen, denn es gibt von Mai bis November mehrere Ernten. Die frischen erkennst Du am üppigen Grünzeug. Im Winter bekommst Du gelagerte Möhren beim Kaufmann. Am leckersten schmecken Möhren, wenn sie roh geknabbert werden. Weil sie unter der Erde wachsen, sind sie sehr sandig und müssen gründlich geschrubbt werden. Junge Möhren brauchst Du nur zu bürsten, ältere mußt Du dünn abschälen oder schaben.

Möhrensuppe

1	mittelgroße Kartoffel
500 ml (½ l)	Gemüsebrühe
3	Möhren
	Salz
	frisch gemahlener Pfeffer
einige Tropfen	Suppenwürze
	gehackte Petersilie

1. Schäle und wasche die Kartoffel und schneide sie in kleine Würfel.

2. Gib die Kartoffelwürfel in einen Topf mit der Brühe und schalte die Herdplatte an. Deckel drauf!

3. In der Zwischenzeit wäschst Du die Möhren und schneidest sie in dünne Scheiben.

4. Wenn Du fertig bist, kochen die Kartoffeln und Du gibst die Möhren dazu. Warte, bis sie kochen, schalte dann auf kleine Hitze und gare sie zugedeckt 10–15 Minuten.

5. Würze die Suppe mit Salz, Pfeffer und Suppenwürze und streue Petersilie darüber.

Rohkostsalat schmeckt besser als fettige Pommes frites – und ist gesünder.

Möhrenrohkost

5 Möhren
2 Äpfel
Saft von ½ Zitrone
1 TL Speiseöl
1 TL Zucker
ganz wenig Salz

1. Säubere zuerst die Möhren und raspele sie auf einer Rohkostreibe. Das ist gefährlich, denn man kann sich leicht die Finger verletzen. Üb mal, ob's geht. Sonst bittest Du jemanden, der das besser kann, um Hilfe.

2. Raspele auch die Äpfel, nachdem Du sie geschält und das Kerngehäuse entfernt hast.

3. Bereite nun die Sauce zu: Verrühre den Zitronensaft mit Öl, Zucker und Salz und gieße das Ganze über die Äpfel und Möhren.

4. Mische alles einmal gut durch und serviere dann die Möhrenrohkost.

Die große Portion reicht für die ganze Familie.

Orangen

Orangen oder Apfelsinen – welcher Name gefällt Dir besser? Beides sind nämlich die gleichen leuchtende Früchte. Wie sie an Bäumen wachsen, kannst Du Dir bei uns nur im Botanischen Garten ansehen, in warmen Ländern gedeihen Orangen im Freien: in Südafrika, Kalifornien und in den Mittelmeerländern. Guck' mal im Atlas nach, wo diese Länder liegen und wie weit die Reise der Früchte zu Dir war! Wenn Du im Winter viele Orangen ißt, erkältest Du Dich nicht so schnell, und im Frühling, wenn die Orangen besonders saftig sind, kannst Du sie gut pressen und leckere Erfrischungsgetränke daraus machen. Manchmal sagt der Verkäufer: »Die Früchte sind gespritzt.« Das bedeutet, daß die Schalen mit einem Wachs behandelt wurden, um die Früchte länger frisch zu halten.

Ritze mit dem Messer die Orangenschale in gleichen Abständen von oben nach unten ein und biege sie dann herunter. Trenne die Fruchtspalten so auseinander, daß sie unten noch zusammenhängen. Steck in die Mitte eine Weintraube – fertig ist die Blume!

Orangen-Drink

1 Orange
2 TL Zucker
Mineralwasser

1. Preß die Orange aus und verrühre den Saft mit etwas Zucker.
2. Fülle das Glas mit Mineralwasser auf.

Du kannst eine Spirale aus der Schale schneiden und über den Glasrand hängen. Die ringelt sich so lustig.

Mit Gelatine umzugehen, ist nicht so einfach. Aber mit etwas Hilfe gelingt es Dir:

Gefüllte Orangenkörbchen

3 Blätter	weiße Gelatine
3	Orangen
2 EL	Zucker

1. Weiche die Gelatine im kaltem Wasser ein.
2. Halbiere 2 der Orangen und presse sie aus. Du brauchst 125 ml (⅛ l) Saft. Schäl die dritte Orange ab, schneide das Fruchtfleisch in Würfel und lege es beiseite.
3. Koche den Saft mit Zucker auf.
4. Jetzt drückst Du die eingeweichte Gelatine aus (schön glibberig, was?) und rührst sie – noch mehr, noch mehr! – in den Saft ein.
5. Mische dann die Orangenwürfel unter die Creme und fülle sie in die leeren Orangenschalen. Künstler schnitzen vorher mit einem Küchenmesser Zacken in die Ränder. Versuch das mal!

Paprikaschote

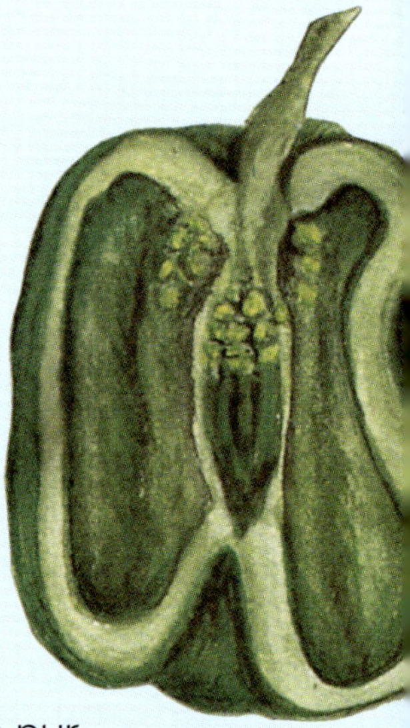

Aus Italien, Ungarn und Bulgarien kommen die leuchtend roten, gelben und grünen Paprikaschoten zu uns. Sie schmecken roh und gekocht. Schneide mal eine auf: Innen ist sie hohl, deshalb füllt man sie gern. Sie hat viele, viele Kerne (Pflanze sie in einen Blumentopf!): gegessen wird aber nur das Schotenfleisch, das besonders vitaminhaltig ist. Du hast sicher schon mal Paprikapulver gesehen. Es ist schön rot und brennt auf der Zunge. Weißt Du, woraus es gemacht wird? Aus Paprikaschoten und ihren winzigen Samenkörnern. Beides wird getrocknet und dann ganz fein gemahlen. Aber verwende es nur sparsam, weil es höllisch scharf ist.

Fülle Paprika mal mit Salat:

Gefüllte Paprikaschote

1	Paprikaschote
200 g	Wurst, z.B. Fleischwurst
1 TL	Speiseöl
1 TL	Essig
	Salz
	frisch gemahlener Pfeffer
½	kleingeschnittene Zwiebel

1. Wasch die Paprikaschote und schneide sie quer durch. Die Kerne entfernst Du.
2. Schneide Wurst in kleine Würfel.
3. Rühre eine Sauce aus Öl, Essig, 1 Prise Salz (das ist so viel, wie zwischen 2 Fingerspitzen paßt), etwas Pfeffer und Zwiebelwürfeln an.
4. Vermische die Sauce gut mit den Wurstwürfeln und fülle das Ganze in die Paprikahälften.

So belädst Du Paprikaschiffchen:

Paprikaschiffchen

1 Paprikaschote
8 Zahnstocher
Weintrauben
Radieschen
Wurst
Käsescheiben

1. Schneide die gewaschene, entkernte Paprikaschote in breite Streifen.
2. Stecke je 1 Spieß mit Weintrauben, Radieschen oder Wurst hinein.
3. Oder spieße je 1 Scheibe Käse wie ein Segel auf.

Hast Du Appetit auf Salat?

Paprikasalat

(Für 4 Personen)

2 Tomaten
2 Paprikaschoten
2 EL Speiseöl
Saft von ½ Zitrone
Salz
frisch gemahlener Pfeffer
1 gehackte Zwiebel
gehackte Petersilie

1. Wasche Tomaten und Paprika und schneide sie in dünne Scheiben.
2. Rühre aus Öl, Zitronensaft, Salz, Pfeffer und Zwiebelwürfeln eine Sauce und gieße sie über den Salat.
3. Bestreue den Salat mit Petersilie.

Petersilie

Petersilie gibt es das ganze Jahr über. Du kannst sie auch im Blumenkasten ziehen, damit sie jederzeit zur Verfügung steht, wenn Du kochst. Es gibt Wurzelpetersilie, die ein bißchen nach Sellerie schmeckt und immer gekocht wird. Besser kennst Du glatte und krause Schnittpetersilie. Die glatte ist würziger, die krause hübscher zum Dekorieren. Meist ißt man Petersilie frisch gehackt. Hast Du Angst vor Mückenstichen? Reibe die Stichstelle sofort mit Petersilie ein, dann juckt sie nicht.

Meist ist Petersilie sandig, weil sie dicht über der Erde wächst. Deshalb muß sie gründlich in Wasser geschwenkt werden, bis sie ganz sauber ist. Sonst beißt Du auf Sand und das knirscht. Petersilien-Dekoration solltest Du immer aufessen, weil sie sehr gesund ist. Wie findest Du eine Petersilien-»Frisur« für ein belegtes Brot?

Hast Du schon mal Käse-Inseln gegessen?

Käse-Inseln

1 Harzer Käse
Zahnstocher oder Schaschlik-Spieße
gewaschene Petersilienbüschel

1. Schneide den Harzer Käse in etwa 2 Zentimeter dicke Scheiben, Du kannst aber auch jeden anderen Käse in runde Stücke schneiden – nur wird das schwieriger.

2. Bohre dann in jede Käse-Insel mit einem Zahnstocher oder Schaschlik-Spieß ein Loch und steck ein Petersilienbüschel hinein. Sieht das nicht aus wie eine kleine einsame Insel in der Südsee?

Tip!

So züchtest Du Petersilie: Schneide von frischen Petersilienwurzeln die Kuppe etwa 2 bis 3 Zentimeter lang ab, lege sie mit der Schnittfläche auf eine Untertasse mit Wasser. Nach ungefähr 2 Wochen schlägt frisches Grün aus, wenn Du das Begießen nicht vergißt. Je mehr Du abschneidest, umso mehr wächst nach.

Pfirsiche

Haut wie ein Pfirsich – das hast Du wohl schon gehört? Tatsächlich hat der Pfirsich samtweiche Haut – wie Du. Darunter sitzt das saftige Fruchtfleisch und in der Mitte ein dicker, harter, verschrumpelter Kern. Paß auf, daß Du nicht darauf beißt und einen Zahn verlierst. Und iß Steinobstkerne nie mit: Sie enthalten Gift, das merkst Du am bitteren Geschmack. Ein Pfirsichbaum trägt rosa Blüten, aus denen später Früchte werden. Aber dazu brauchen sie viel Sonne. Je wärmer es ist, desto besser gedeihen sie. Darum bekommen wir die meisten Pfirsiche aus warmen Ländern: Italien, Bulgarien, Griechenland und Kalifornien. Such mal auf dem Globus, wo diese Länder liegen.

Pfirsich-Quarkspeise

250 g	Quark
6 EL	Milch
1–2 TL	Honig
	Pfirsichwürfel von 2 Pfirsichen

1. Verrühre den Quark mit etwas Milch.
2. Süße ihn mit Honig und gib eine große Portion Pfirsichwürfel dazu. Das ist eine Kraft-Speise, wenn Du Sport getrieben oder mit Freunden getobt hast.

Glaub nicht, daß nur Erwachsene Bowle trinken können. Deine Pfirsich-Bowle schmeckt mindestens ebenso gut – oder eigentlich viel besser, weil sie keinen Alkohol enthält, von dem einen übel wird. Wenn die Großen etwas abhaben wollen, müssen sie dafür helfen, Pfirsiche zu enthäuten.

Halt, wirf den Stein nicht weg! Pflanz ihn ein. Wenn Du Glück hast, wird ein richtiges Bäumchen daraus.

Pfirsichbowle

5	Pfirsiche
1 Flasche	Pfirsichnektar
1 Flasche	Zitronenlimonade
1–2 Flaschen	Mineralwasser

1. Die Pfirsiche kreuzförmig einritzen und dann mit kochendem Wasser übergießen. Die Haut läßt sich jetzt spielend abpellen.

Dann macht Du weiter:

2. Schneide die Pfirsiche in Stücke und fülle sie in ein Bowlengefäß.
3. Gieß Pfirsichnektar und Zitronenlimonade hinein sowie das Mineralwasser – umrühren, fertig!

Ganz groß kommst Du auf Deiner Party heraus, wenn Du in jedes Glas 1 Eiswürfel gibst und fachmännisch mit einer Schöpfkelle die Bowle einfüllst. Übe vorher mit Wasser, Prost! Auf Dein Wohl!

Pflaumen

Eierpflaumen haben eine violette Schale, Zwetschen sind bläulich und etwas eiförmig. Renekloden sind sehr süß, kugelrund und grüngelb. Mirabellen heißen die gelben und grünen Früchte, Kirschmirabellen die rotgelben. Oh, ist das ein Durcheinander! Beiß doch einfach rein, sie schmecken alle prima.

Pflaumen kannst Du trocknen, damit Du im Winter eine Reserve hast.

Getrocknete Pflaumen

500 g Pflaumen

1. Wärme zuerst den Backofen vor.
2. In der Zwischenzeit wäschst Du die Pflaumen und trocknest sie ganz gründlich mit einem Tuch ab.
3. Schiebe dann ein Blech mit den Früchten in den Ofen und schalte auf kleine Hitze.

Ober-/Unterhitze:	etwa 50 °C (vorgeheizt)
Heißluft:	etwa 50 °C (nicht vorgeheizt)
Gas:	Stufe 1–2 (vorgeheizt)
Trockenzeit:	6–8 Stunden.

4. Damit die Feuchtigkeit abziehen kann, mußt Du die Backofentür ein wenig offen lassen. Schieb einen Kochlöffel zwischen Tür und Ofen, dann kann der Dampf abziehen.

Ein eigener Pflaumenbaum wäre doch praktisch, oder? Steck die Pflaumenkerne etwa 5 Zentimeter in die Erde und warte – ganz lange: 1 Jahr. Dann keimen sie nämlich, es entwickeln sich Blätter und ein kleines Bäumchen entsteht. Es wächst und wächst. Und eines Tages kannst Du so viele Pflaumen essen, wie Du willst, weil Dein Bäumchen Dich für Deine Pflege belohnen will.

Hörst Du auch so gern das Märchen vom tapferen Schneiderlein? Und erinnerst Du Dich an die Geschichte mit dem Pflaumenmus? Hier ist ein Rezept:

Pflaumenmus

500 g	Pflaumen
250 g	Gelierzucker
1	Zimtstange

1. Halbiere die Pflaumen, löse den Kern heraus und schneide das Fruchtfleisch sehr klein.
2. Koche die Pflaumen mit dem Gelierzucker und der Zimtstange auf – dabei immer rühren, sonst brennen sie an.
3. Laß das Mus 15 Minuten auf kleiner Hitze weiterkochen, bevor Du es in ganz saubere Gläser füllst – oder von jemandem füllen läßt, denn es ist sehr heiß.

Sammel schon beizeiten alte Marmeladengläser mit Schraubdeckel. Die wäschst Du gründlich und stellst sie auf ein feuchtes Tuch, damit sie nicht platzen, wenn Du Heißes einfüllst ... Naschen darfst Du, aber der Rest ist als Vorrat gedacht.

Porree

Je nachdem, wo Du wohnst, wirst Du dieses lange, schlauchartige Gemüse unter dem Namen Porree oder Lauch kennen. Die großen Blätter sind so fest umeinandergewickelt, daß sie eine Stange bilden, die nur oben offen ist. Es gibt zarten, zierlichen Sommerporree. Und es gibt Winterporree, der ist dick und robust.

Laß Dich beim Einkauf nicht hereinlegen. Sieh Dir die Porreestangen genau an: Frische haben feste grüne Außenblätter. Wenn sie gelblich und welk sind, laß die Finger davon.

Im Porree sitzt häufig Sand, der sich nur schwer entfernen läßt. Mit diesem Trick gelingt es Dir: Schneide von der Stange unten die Wurzel ab und entferne die äußeren groben Blätter. Das Beste ist nämlich der helle Teil. Nun schneide die Stange der Länge nach ein, aber nicht durch. Jetzt kannst Du den Sand dazwischen unter fließendem Wasser herausspülen. Noch einfacher: Du schneidest die halbierten Stangen in etwa 3 Zentimeter lange Stücke und braust sie dann erst ab.

Hast Du Lust weiterzumachen? Dann koche eine Gemüsesuppe daraus:

Gemüsesuppe

1	Möhre
1	kleine Kartoffel
1	vorbereitete Porreestange
500 ml (½ l)	kochende Gemüse- oder Hefebrühe
	Salz

1. Schabe die Möhre – das hast Du ja schon gelernt – und schneide sie in dünne Scheiben.
2. Schäle und wasche die Kartoffel und schneide sie klein.
3. Lege die Porreestange kleingeschnitten bereit und gib das Gemüse in die kochende Brühe. Salze und laß alles einmal aufkochen.
4. Dann legst Du den Deckel darauf, schaltest die Hitze herunter und läßt die Suppe 15 Minuten weiterkochen.

Tip!

So machst Du die Garprobe: Stich mit einem spitzen Messer in das Gemüse. Wenn es hart ist, braucht es noch etwas Kochzeit. Wenn es sich weich anfühlt, kannst du es servieren, denn es ist gar.

Radieschen

Beiß in ein Radieschen und Du spürst sofort die feine Schärfe. Sie erinnert an den großen Rettich, weil beide zur gleichen Familie gehören. Radieschen werden vom Frühling bis zum Herbst frisch angeboten. Sie sollten fest und knackig sein. Wenn sie welk sind – das geht leider sehr schnell – schmecken sie holzig. An den Blättern erkennst Du am zuverlässigsten, ob sie frisch sind. Wenn Du Radieschen aufbewahren willst, lege sie über Nacht mit den Blättern ins Wasser, die Knollen selbst dürfen nicht naß werden. Radieschen ißt man roh. Dazu schneidet man die Wurzeln und Blätter ab und wäscht die knallroten Knollen gründlich.

Radieschen schmecken als Salat oder Brotbelag:

Radieschensalat

1 EL	Zitronensaft
1 EL	Kondensmilch
1 EL	Speiseöl
	Salz
	frisch gemahlener Pfeffer
250 g	Magerquark
3 Bund	Radieschen, in Scheiben geschnitten
1 Bund	Schnittlauch, in Röllchen geschnitten

1. Verrühre Zitronensaft, Kondensmilch und Öl mit Salz und Pfeffer.

2. Gib den Quark und die Radieschenscheiben dazu.
3. Mische die Schnittlauchröllchen darunter. Ist das nicht erfrischend und knackig?

Radieschenbrot

Radieschenscheiben
gebutterte Brotscheiben
Schnittlauchröhrchen

1. Lege Radieschenscheiben wie Fischschuppen auf's Butterbrot.
2. Steck Schnittlauchröhrchen als Schwanzflossen darunter.

Radieschen lassen sich mit einem Küchenmesser lustig verzieren: wie eine Blume, ein Fächer oder ein bunter Ball. Mach mal für einen Käseteller so viele Muster-Radieschen, wie Dir einfallen. Na, wie viele sind es geworden?

Rettich

Außen schwarz, weiß oder violett, innen weiß und scharf: Das ist Rettich. Er wird roh gegessen und schmeckt wie Radieschen, ist aber viel größer und hat die Form einer Rübe. Wenn Rettich nicht mehr ganz frisch ist, trennst Du einfach die grünen Blätter ab und legst ihn 30 Minuten in kaltes Wasser. Dann wird er wieder ganz prall und läßt sich prima schälen. Hast Du schon mal eine Rettichspirale gesehen? Die wird aus 1 Rettich geschnitten und läßt sich auseinanderziehen.

Ißt Du gern Brot, Wurst und Käse zum Abendbrot? Dann probier mal Rettichsalat dazu:

Rettichsalat

1	Rettich
1 Messerspitze	Salz
2 EL	Speiseöl
1 TL	Essig
etwas	frisch gemahlener Pfeffer
etwas	Zucker

1. Zuerst wäscht Du den Rettich, dann schälst Du ihn mit einem scharfen Küchenmesser. Versuche, die Schale möglichst dünn abzuschneiden – obwohl das nicht einfach ist. Aber je häufiger Du Rettich schälst, desto besser gelingt es Dir.

2. Raspel die Rübe auf der Rohkostreibe ziemlich grob. Mische 1 Messerspitze Salz darunter, dann schmeckt der Rettich nicht mehr so scharf.

3. Rühre aus Öl, Essig, Pfeffer und Zucker eine Sauce und gieße sie über den Salat. Mit dem Salatbesteck kannst Du alles gut durchmischen und Dir dann schmecken lassen.

Sieht aus wie eine Tomate, schmeckt aber nach Rettich. Was ist das?
Eine Tomate mit Rettichfüllung:

Tomate mit Rettichfüllung

1	große Tomate
2 EL	Rettichsalat

1. Wasche die Tomate, schneide den oberen Teil als Deckel ab.

2. Mit einem Löffel kannst Du die Frucht gut aushöhlen.

3. Mische 2 Eßlöffel von dem oben beschriebenen Salat unter das Tomatenfleisch und fülle alles wieder in die Tomate. Deckel drauf – und fertig ist Deine Überraschungs-Rettich-Tomate.

Rhabarber

Sag mal, ohne Luft zu holen:
Rhabarberrhabarberrhabarberrhabarber.
Bist Du dabei durcheinander gekommen?
An einer Rhabarber(rhabarberrhabarber)staude sitzen Blätter, so groß wie Teller. Die sind giftig! Essen darfst Du nur die rot-grünen, fleischigen Stiele. Aber verzieh nicht das Gesicht, denn die sind ganz schön sauer. Mit Zucker sind sie aber lecker. Ab April gibt es Rhabarber. Nimm nur ganz festen, knackigen. Wenn sich die Stiele biegen, sind sie nicht mehr frisch. Die dünne Schale kannst Du mit einem Messer abziehen, wenn Du die beiden Enden abgeschnitten hast. Aber laß sie ruhig daran. Erfrischend schmeckt Rhabarber (rhabarberrhabarber), wenn Du eine Stange in Zucker stippst und davon abbeißt.

Rhabarbersuppe

500 g	Rhabarber
100 g	Zucker
500 ml (½ l)	Wasser

1. Säubere den Rhabarber und schneide ihn in Stücke.
2. Laß ihn mit Wasser und Zucker im geschlossenen Topf aufkochen und nimm den Deckel erst ab, wenn es kocht.

3. Laß die Suppe auf kleiner Hitze weiterkochen, bis der Rhabarber weich ist (Wie machst Du die Garprobe? Richtig, mit einem Messer!).

4. Kalt schmeckt die Rhabarbersuppe am besten. Ist sie zu sauer? Dann rühr noch mehr Zucker darunter. Ist sie zu süß? Dann gib Zitronensaft dazu.

Dieses Rezept für reicht für 4 Portionen:

Rhabarberreis

1 l	Wasser
1 TL	Butter
250 g	Milch- oder Rundkornreis
500 g	Rhabarber
150 g	Zucker
etwas	gemahlenen Zimt

1. Koch das Wasser mit der Butter auf.

2. Gib Reis und den kleingeschnittenen Rhabarber dazu. Alles muß einmal aufkochen und dann bei kleiner Hitze 20–30 Minuten weichkochen.

3. Rhabarberreis kannst Du heiß oder kalt essen. Mit Zimt und Zucker bestreut schmeckt er am besten.

Rosenkohl

Wenn Du Rosenkohl noch nie im Freien gesehen hast, mußt Du mal mit Deinen Eltern einen Ausflug aufs Land machen. Dort findest Du die robuste Rosenkohlpflanze mit ihrem kräftigen Stengel und den langstieligen Blättern. Die kleinen Kohlköpfe sitzen dicht aneinandergedrängt – wie auf einer Leiter – an dem Stiel. Rosenkohl ist ein typisches Wintergemüse, das sich bis zum Frühjahr im Garten hält, falls es nicht zuviel Schnee und Frost gibt. Kaufst Du manchmal ein? Dann nimm nur festen, grünen Rosenkohl. Wenn die Blätter schon gelb sind, ist er alt und hat weniger Vitamine. Und Vitamine brauchst Du gerade im Winter.

Rosenkohl zum Kochen vorzubereiten macht viel Spaß, das solltest Du übernehmen: Entferne die äußeren groben Blätter und schneide ein Stück vom Strunk ab. Drei- bis viermal mußt Du die Röschen mit frischem Wasser waschen. Dann gibst Du das Gemüse zur weiteren Verarbeitung Deiner Mutter. Oder kannst Du diese Kohlsuppe schon selbst kochen?

Rosenkohlsuppe

5 oder 6	Rosenkohlköpfchen
1 TL	Butter oder Margarine
1 gehäufter EL	Weizenmehl
250 ml (¼ l)	Gemüsebrühe
	Salz
1 TL	Kondensmilch
	geriebene Muskatnuß
	gehackte Petersilie

Tip!

Gut schmeckt es, wenn Du in Butter geröstete Weißbrotwürfel auf die Suppe streust.

1. Schneide die vorbereiteten Kohlköpfchen in Streifen.
2. Laß Butter oder Margarine in einem Kochtopf schmelzen und gib die feinen Kohlstreifen dazu. Streue das Mehl darüber und rühre alles gut um.
3. Gieb die Gemüsebrühe dazu und lege den Deckel darauf und lasse die Suppe aufkochen. Bei kleiner Hitze läßt Du den Kohl in etwa 15 Minuten gar werden.
4. Zum Schluß schmeckst Du die Suppe ab: Ein wenig Salz? 1 Teelöffel Kondensmilch vielleicht? Oder hast Du eine andere Idee, was dazu passen könnte? Muskat, gehackte Petersilie.... Abschmecken macht Spaß, weil man vieles ausprobieren kann und auf die tollsten Einfälle kommt.

Schnittlauch

Auf den ersten Blick sieht Schnittlauch wie Gras aus. Aber guck mal genau hin, dann erkennst Du, daß die »Halme« in Wirklichkeit kleine Röhrchen sind. Man schneidet sie klein und würzt damit Salate und Saucen. Schnittlauch schmeckt ein bißchen scharf – fast wie Zwiebeln. Du kannst ihn im Blumentopf ziehen. 4 bis 5 Wochen nach der Aussaat erntest Du bereits. Er wächst immer wieder nach, wenn Du ihn nicht zu weit zurückschneidest. Am würzigsten schmeckt er, wenn er dunkelgrün ist und aufrecht steht. Wenn er schlapp und gelblich ist, taugt er nicht mehr viel. In feuchtem Pergamentpapier hält er sich frisch.

Hast Du zwischendurch manchmal Bärenhunger? Dann mach Dir eine »Grüne Wiese«:

Schnittlauchbrot

1 Scheibe	gebuttertes Brot
1 EL	kleingeschnittener Schnittlauch

1. Bestreu Dein Butterbrot mit kleingeschnittenem Schnittlauch, bis es über und über grün ist. Ein ganzes Bund paßt bestimmt drauf.

Schnittlauchquark schmeckt auf Brot, zu Pellkartoffeln oder einfach so:

Schnittlauchquark

250 g	Quark
1 gehäufter EL	weiche Butter
1 Messerspitze	Salz
1 Bund	Schnittlauch

1. Verrühre den Quark mit Butter und Salz.
2. Schnippel den gewaschenen Schnittlauch hinein und misch alles mit einer Gabel durch.

Glaubst Du, daß man einen "Blumenstrauß" aufessen kann?

Kräuterblumenstrauß

1 Bund	Radieschen
1 Bund	Schnittlauch
1 Bund	Petersilie

1. Halte die Radieschen mit den roten Köpfen nach oben.
2. Steck Schnittlauch und Petersilie dazwischen.
3. Wickel den Strauß in Seidenpapier und verschenk es. Duftet nicht, ist aber gesund!

Spargel

Erwachsene freuen sich, wenn es Spargel gibt. Kinder finden ihn meist ein bißchen langweilig. Aber wenn Du mal ein Spargelfeld besichtigt hast, wirst Du auch begeistert sein von dem unterirdisch wachsenden Gemüse. Spargel wird nämlich aus der Erde »gestochen«. An seinem Wurzelstock bilden sich unter der Erde Triebe – das sind die Spargelstangen, die nach oben wachsen. Wenn ihre Spitzen die Erde durchbohrt haben, schneidet man sie ganz tief unten ab. Es gibt Spargelsorten mit weißen Köpfen, aber auch mit grünen oder violetten. Die weißen sind besonders mild, die grünen schmecken kräftiger. Willst Du was Lustiges hören? Früher wurde Spargel nur in Apotheken verkauft, weil er so gesund ist – vor allem für die Nieren.

Spargel muß sehr vorsichtig behandelt werden. Es ist recht schwierig, ihn ganz dünn zu schälen, ohne die Stangen zu brechen. Guck' mal dabei zu! Man schält immer von oben nach unten, fängt also beim Kopf an. Die Enden sind manchmal holzig, deshalb werden sie abgeschnitten. Aber zum Wegwerfen sind sie zu schade. Das Feinste vom Spargel sind die empfindlichen Köpfchen. Spargelspitzen werden sie auch genannt.

Geschälter Spargel wird gewaschen und dann weichgekocht. Gib die Spargelenden mit ins Kochwasser. Und gieß das Spargelwasser nicht weg, es ist sehr gesund. Bewahre es für eine Suppe auf.

Spargelsuppe

40 g	Butter oder Margarine
40 g	Weizenmehl
1 l	Spargelkochwasser
250 ml (1/4 l)	Milch
250 g	Spargelstückchen (gegart)
	Salz
	feingehackte Petersilie

1. Bei der Mehlschwitze mußt Du Dir von Deiner Mutter helfen lassen, sonst gibt´s Klümpchen.
2. Butter oder Margarine in einem Topf zerlassen. Das Mehl unter Rühren so lange darin erhitzen, bis es hellgelb ist.
3. Nach und nach das Spargelwasser und die Milch hinzugießen, mit einem Schneebesen durchschlagen, zum Kochen bringen, etwa 10 Minuten kochen lassen.
4. Gib nun die Spargelstückchen hinzu, schmecke die Suppe mit Salz ab und streue Petersilie darüber.

Tip!

Du kannst Spargelwasser auch in Gläsern servieren – mit einem Petersilienbüschel überm Rand. Stell vorher einen Löffel hinein, damit die Gläser nicht platzen.

Spinat

Hast Du Dich immer gewundert, welche Mengen Spinat Deine Mutter für Euch einkauft? Beim Kochen fällt er so zusammen, daß nur eine ganz normale Portion im Topf zurückbleibt. Weißt Du, woran das liegt? Spinatpflanzen haben saftige Blätter, die viel Wasser enthalten. Es gibt Wurzel- und Blattspinat. Den Unterschied erkennst Du sofort: Wurzelspinat wird als ganze Pflanze geerntet, Blattspinat in einzelnen Blättern.

Spinat darf nie aufgewärmt werden, wenn er bereits einmal gekocht war. Dabei bilden sich giftige Stoffe. (Aber das wissen selbst Erwachsene oft nicht. Erzähl es ihnen!) Was machst Du, wenn Spinat übrigbleibt? Du läßt Dir einen Eierkuchen zubereiten, gibst auf eine Hälfte gekochten Spinat und klappst die andere Hälfte darüber. Solche Spinattasche schmeckt Dir sicherlich.

Mal ehrlich: Magst Du keinen Spinat?
Dann probier ihn mal roh als Salat:

Spinatsalat

200 g	geputzter Spinat
	Radieschenscheiben
von 10	Radieschen
1 TL	Zitronensaft
1 EL	Speiseöl
1 EL	Joghurt
	Salz
	frisch gemahlener Pfeffer

1. Mische den Spinat mit Radieschenscheiben.
2. Gieß eine Sauce aus Zitronensaft, Öl, Joghurt, Salz und Pfeffer darüber und mische alles gut durch.

Gedünsteter Spinat

1	kleine Zwiebel
25 g	Butter oder Margarine
1 kg	Spinat
	Salz
	frisch gemahlener Pfeffer
	geriebene Muskatnuß
1 schwach gehäuften EL	Crème fraîche

1. Verlese den Spinat, wasche ihn 5–6 mal gründlich.
2. Schneide die abgezogene Zwiebel in feine Würfel.
3. Zerlasse die Butter oder Margarine in einem Topf und dünste die Zwiebelwürfel darin hellgelb an.
4. Füge Spinat, Salz, Pfeffer und Muskat hinzu, lege den Deckel auf und schalte die Hitze herunter und laß den Spinat in 5–8 Minuten garen. Du kannst ihn jetzt pürieren oder ganz servieren.
5. Wenn Du magst, kannst Du noch Crème fraîche unterrühren und mit Salz abschmecken.

**Am meisten Spaß macht es, Spinatteller zu dekorieren – wie ein Blitz.
Als Grundlage brauchst Du folgende Zutaten:**

1 bis 2 gekochte Kartoffeln, gekochter Spinat

1. Zerquetsche die Kartoffeln auf dem Teller und verteile darauf gekochten Spinat.

Froschgesicht: 2 kleine Spiegeleier

2. Dann brätst Du die Spiegeleier und setzt sie als Auge auf den Spinat.
3. Wenn Du in Mundhöhe den Spinat etwas abkratzt, entsteht ein Froschmaul. Nur »quak« sagt es nicht.

Blumenwiese: Rührei-Stückchen, Ketchup

2. Verteile Rührei-Stückchen auf dem Spinat und setze in jede Mitte 1 Klacks Ketchup.

Lustiges Gesicht: Würstchen, 1 Radieschen

2. Dafür verteilst Du die Kartoffelschicht auf dem Teller und legst darauf obenherum »Haare« aus Spinat.
3. Leg 1 Würstchen als Mund und 2 Scheiben Würstchen als Augen und 1 Radieschen als Nase auf die Kartoffeln.

Wahrscheinlich fallen Dir noch viel mehr Bilder ein. Dann mußt Du Dir immer wieder Spinat wünschen.

Stachelbeeren

Warum heißen sie wohl so?
Na, weil die dicke Schale mit
vielen Härchen bedeckt ist,
die wie Stacheln hochstehen.
Und die Büsche, an denen die
Beeren wachsen, haben auch lange spitze
Dornen. Vorsicht beim Pflücken!

Stachelbeerkompott gelingt Dir bestimmt:

Stachelbeerkompott

500 g	halbreife Stachelbeeren
125 ml (⅛ l)	Wasser
100 g	Zucker
1 Stück	Zitronenschale (unbehandelt)
Saft von ½	Zitrone

1. Entferne zuerst Stiele und Blütenenden von den Stachelbeeren und wasche sie.
2. Bringe Wasser und Zucker zum Kochen, gib die Stachelbeeren hinein, koche sie mit der Zitronenschale kurz auf und danach noch weitere 5–10 Minuten im geschlossenen Topf bei kleiner Hitze.
3. Eigentlich ist Dein Kompott jetzt fertig. Aber Du solltest die Zitronenschale herausfischen, weil sie nicht mitgegessen wird, und den Zitronensaft zugießen.

Tip!

Wenn etwas von Deinem Kompott übrigbleibt, macht das nichts, denn es schmeckt auch kalt sehr gut. Und Naschkätzchen haben immer gern etwas Feines in Reserve, falls sie Hunger bekommen.

Wie wär's heute mit Stachelbeergrütze?

Stachelbeergrütze

250 g	Stachelbeeren
3 gehäufte EL	Zucker
1 Tasse	Wasser
2 gehäufte EL	Puddingpulver Vanille-Geschmack
2 EL	Wasser
250 ml (¼ l)	Milch oder Schlagsahne

Tip! Gut schmeckt die Grütze auch aus halb Stachelbeeren, halb Kiwi.

1. Koche die geputzten Beeren mit Zucker und Wasser in einem Topf auf, danach 5 Minuten zugedeckt bei kleiner Hitze.
2. Jetzt muß die heiße Masse durch ein Sieb, dabei laß Dir helfen. Du kannst aber den Topf zum Auffangen der Flüssigkeit darunterstellen. Mit einem Löffel streichst Du das Fruchtmus durchs Sieb, dann kommt mehr heraus.
3. Verrühre das Puddingpulver mit Wasser und rühre es in die Fruchtmasse.
4. Laß die Masse noch einmal kurz aufkochen, fülle sie in eine Schüssel zum Abkühlen.
5. Serviere die Grütze mit Milch oder Schlagsahne.

Tomaten

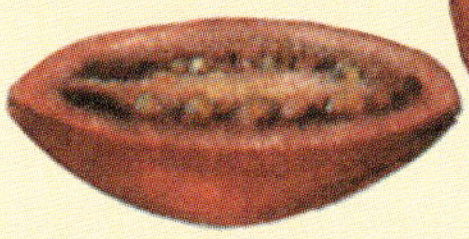

Tomaten sind das ganze Jahr über zu haben. Im August werden sie bei uns geerntet – diese Freiland-Tomaten schmecken besonders aromatisch. Den Rest des Jahres bekommen wir sie aus warmen Ländern oder sie werden im Treibhaus gezogen. Unter der sehr dünnen Schale liegt das saftige Fruchtfleisch mit den vielen Kernen. Erst wenn die Tomaten knallrot sind - tomatenrot – schmecken sie. Grüne sind unreif, aber sie reifen schnell nach, wenn Du sie in die Sonne legst. Was macht man alles aus Tomaten? Saft, Tomatenmark, Ketchup. Aber Du bereitest lieber aus frischen Tomaten etwas Leckeres. Zum Beispiel einen Fliegenpilz:

Fliegenpilz

Pro Person

- 1 hartgekochtes Ei
- ½ Tomate
- Mayonnaise

1. Schneide von dem Ei die Spitze ab und lege die Tomate als Deckel darauf.
2. Drück Mayonnaise-Tupfer aus der Tube darauf und schon ist Dein »eßbarer Pilz« fertig.

Das sieht zum Reinbeißen aus:

1. Schneide 1 dicke Tomate oben mehrmals ein und stecke in diese Spalten dünne Gurkenscheiben.

Tomatenbrot

1 Scheibe	gebuttertes Brot
3–4	Tomatenscheiben
2–4	Zwiebelringe
1 TL	gehackte Petersilie

1. Belege das Butterbrot mit Tomatenscheiben und Zwiebelringen.
2. Streu die Petersilie darüber.

Hast Du mal zugeguckt, wie leicht sich Tomaten enthäuten lassen? Sie werden oben kreuzförmig eingeritzt und in kochendes Wasser gegeben, herausgenommen, in kaltes Wasser gelegt, dann läßt sich spielend die Haut abziehen. Für diesen Salat kannst Du das üben – oder die Schale dranlassen, weil das weniger Arbeit macht.

Tomatensalat

1 EL	Essig
2–3 EL	Speiseöl
	Salz
	frisch gemahlener Pfeffer
500 g	Tomaten
1	kleine Zwiebel
	kleingehackte Petersilie

1. Rühre zuerst eine Sauce aus Essig, Öl, etwas Salz und Pfeffer an.
2. Wasche die Tomaten und schneide den Stengelansatz heraus. Schneide dann die Tomaten in Scheiben und die abgezogene Zwiebel in Würfel.
3. Vermische beides und gieß die Sauce darüber.
4. Streue zum Schluß Petersilie über den Salat und lade jemanden ein, der genauso gern Tomatensalat ißt wie Du – vielleicht Deine Eltern? Sie laden Dich ja auch jeden Tag zum Essen ein.

Weintrauben

Weintrauben lieben die Sonne. Deshalb wachsen sie nur in warmen Gegenden. Gibt es bei Euch Weintraubensträucher? Dann wohnst Du wohl im Süden, stimmt's? Eigentlich wachsen sie als Ranken am Boden. Damit sie mehr Sonne abbekommen, bindet man sie hoch. Ganze Hügel werden mit Wein bepflanzt, der an Pfählen hochklettert. Weinberge sagt man dazu. Von Oktober bis November werden Weintrauben geerntet. Man nennt es Weinlese. Es gibt grüne und blaue Beeren, große und kleine, süße und saure. Die größten ißt man als Obst. Die kleinen werden getrocknet. Dabei schrumpeln sie zusammen, werden immer kleiner – und irgendwann sind es Rosinen. Wein wird ebenfalls aus Weintrauben gemacht: Rotwein aus roten Trauben, Weißwein aus hellen. Aber Wein enthält Alkohol und schmeckt Dir deshalb nicht. Traubensaft ist allerdings ein wunderbares Getränk für Dich.

Kennst Du Schokoladentrauben?

Schokoladentrauben

Pro Person

5–6 Weintrauben
1 Schaschlikspieß
Schokoladenkuvertüre

1. Stecke die Weintrauben auf einen Schaschlikspieß.
2. Laß Schokoladenkuvertüre im Wasserband (Wer zeigt Dir, wie's geht?) schmelzen und mit einem Löffel über die Trauben-Spieße laufen – ganz gleichmäßig, deshalb den Spieß drehen.
3. Wenn die Schokoladen-Beeren trocken sind, kannst Du sie in einen neuen Blumentopf mit Sand stecken und plündern, wenn Deine Freunde zu Besuch sind. Sag ihnen, das sei ein Kwatsch-Kaktus.

Oder findest Du Igel putziger?

Traubenigel

Zahnstocher
Weintrauben
Schokoladenkuvertüre
1 Apfel

1. Nimm diesmal Zahnstocher und spieße jeweils nur 1 Weintraube auf.
2. Tauche diese ebenfalls in flüssige Kuvertüre.
3. Wenn Du sie dicht an dicht auf die Oberseite eines Apfels steckst, wird ein Igel daraus.
4. Aber wo ist der Kopf? Ganz einfach: 1 Weinbeere bleibt grün, und die steckst Du vorn in den Apfel, 2 Tupfer Kuvertüre werden zu Augen.

Tip!

Ist so ein Igel oder Kaktus nicht ein hübsches Geschenk, wenn Du eingeladen bist.

Weißkohl

Unter welchen Namen kennst Du diesen hellen Kohlkopf? Weißkraut? Dann wohnst Du wohl in Süddeutschland. Oder sagt Ihr Kappes? Dann lebst Du im Rheinland, wetten? In Norddeutschland heißt er Weißkohl. Auf jeden Fall ist er sehr schwer. Die dicke Kugel entsteht, weil sich die vielen Kohlblätter ganz fest umschließen – wie lauter gute Freunde, die zusammenhalten. Weißkohl gibt es das ganze Jahr. Wenn er gehobelt, gesalzen und gepreßt wird, wird Sauerkraut daraus.

Roh sind die Kohlblätter sehr hart. Weich werden sie erst beim Kochen. Willst Du beim Vorbereiten helfen? Entferne die äußeren Blätter und schnitze den Strunk unten heraus. Für Kohlgemüse wird der Kopf in vier Teile geschnitten: zuerst von oben nach unten halbiert, dann jede Hälfte noch einmal der Länge nach geteilt.

Für Kohlrouladen braucht man die äußeren großen Blätter. Die kannst Du ganz vorsichtig ablösen – am besten mit einem scharfen Messer. Später wird gewürztes Hackfleisch in diese Blätter gewickelt und dann geschmort. Aber das können die Erwachsenen besser. Du machst Dir aus dem Innern des Kohlkopfes einen appetitlichen Kohlsalat:

Kohlsalat

¼ Kopf	vorbereiteter Weißkohl
1 kleine	Möhre
½	Paprikaschote
1–2 EL	Mayonnaise

1. Hobel den Weißkohl klein – eventuell mit einer Küchenmaschine.

2. Vermische die Kohlstreifen mit kleingeschnittenen Möhren und Paprikaschoten.

3. Rühre fertige Mayonnaise aus dem Glas darunter.

Kleine Spieße mit Wurst-, Käse-, Gurken- und Tomatenstückchen schmecken prima, weil man sie gut aus der Hand essen kann. Noch witziger ist es, wenn Du sie aufspießt und in einen Kohlkopf steckst. Wickel ihn vorher in Alufolie ein. Dann glänzt er ganz festlich – wie echtes Silber. Wie lange dauert es, bis er kahl ist?

Zitronen

Zitronen sind ... sauer. Aber wenn Du nur einige Tropfen Saft verwendest, schmecken Salate, Saucen und Getränke viel besser. Auch die Schale kann man verwenden, denn sie enthält feines Zitronenaroma, für Kuchen zum Beispiel. Aber dazu darfst Du nur Zitronen mit unbehandelter Schale nehmen. Verlange ausdrücklich solche, wenn Du einkaufen gehst. Zitronen erhälst Du zu jeder Jahreszeit aus dem Süden.

Bist Du manchmal erkältet? Dann nimm einen großen Schluck Vitamin-Trunk zu Dir! Damit die Zitronen mehr Saft abgeben, solltest Du sie kräftig drücken und dabei hin- und herrollen. Dann platzen die Saftstränge in der Frucht auf.

Vitamintrunk

Saft von ½	Zitrone
1 gehäufter TL	Zucker
	heißes Wasser

1. Verrühre den Saft mit dem Zucker in einem Becher.
2. Fülle das Ganze mit heißem Wasser auf.

3. Versuch, den Vitamintrunk schön heiß zu trinken, dann hilft er gegen Erkältung. Zum Beispiel, wenn Du lange im Regen gespielt hast oder beim Radfahren kalt geworden bis.

Zitronen-Kefir erfrischt, wenn Du durstig bist; er sättigt, wenn Du Hunger hast; und er macht fröhlich, weil er süß schmeckt.

Zitronen-Kefir

500 ml (1/2 l)	Kefir
Saft von ½	Zitrone
2 EL	Zucker
	abgeriebene Zitronenschale (unbehandelt)
	Schokoladen-Streusel

1. Verrühre Kefir, Zitonensaft und Zucker miteinander.
2. Gib auch noch etwas abgeriebene Zitronenschale (Denk' daran, daß es Früchte mit unbehandelter Schale sein müssen!) dazu, denn das macht den Geschmack interessanter.
3. Schlag alles mit einem Schneebesen auf, dann wird es ganz cremig.
4. Zum Schluß läßt Du so viel Schokoladen-Streusel darüberrieseln, wie Du magst.

Oder bist Du oft durstig?

Honigmilch

einige Tropfen	Zitronensaft
1 Glas	Milch
1 TL	Honig

1. Rühre einige Tropfen Zitronensaft unter Deine Milch im Glas. Sie gerinnt und sieht wie gemustert aus.
2. Jetzt rührst Du 1 Teelöffel Honig so lange darin um, bis sich der Honig gelöst hat. Na, wie schmeckt es Dir? Nicht so langweilig wie Milch, süß wie Saft und erfrischend wie ein Cocktail. Und bärenstark wird man davon auch. Merkst Du schon was? Oder brauchst Du davon etwas mehr? Dann nimm noch ein Glas voll!

Zwiebeln

Du sollst ein Rätsel lösen: Was hat viele Häute und beißt alle Leute? (Fängt mit Z an). Wenn Du eine Zwiebel betrachtest, entdeckst Du eine trockene dünne Schale, die gelbgrün oder bräunlich ist. Darunter sitzt wieder eine Schale, die aber hell und saftig ist. Und so kannst Du eine Schalenhaut nach der anderen entfernen. Irgendwann steigt Dir dabei ganz deutlich der Zwiebelgeruch in die Nase. Und Du mußt weinen, obwohl du nicht traurig bist. Versuch beim Zwiebelschneiden nicht durch die Nase, sondern durch den Mund zu atmen. Oder lege die Zwiebel vorher ins Wasser. Oder schneide sie am offenen Fenster. Kennst Du einen besseren Trick? Vielleicht, eine Tauchermaske aufzusetzen? Na, das sieht aber ganz schön komisch aus!

Wespenstiche können jucken. Wenn Du sofort eine halbe Zwiebel darauflegst, merkst Du kaum etwas von dem Stich, weil die Zwiebel das Gift aus der Wunde zieht. Noch besser ist es, wenn Du Dich gar nicht erst stechen läßt.

Zwiebelschneiden ist eine richtige Kunst. Willst Du sie lernen? Dann lege Dir ein Holzbrett und ein scharfes Küchenmesser bereit. Schneide zuerst das Wurzelstück und den Blattzipfel ab. Trenne dann die äußere trockene Schale und die darunterliegende Schalenhaut ab. Weinst Du schon? Wenn Du mit einer Gabel in die Zwiebel stichst, kannst Du wieder lachen, denn so läßt sie sich gut halten und dann in Scheiben schneiden, möglichst dünn. Jetzt fallen die Zwiebelringe auseinander. Möchtest Du Zwiebel würfeln? Dann halbiere die geschälte Zwiebel erst von der Wurzel bis zum Blattstiel und schneide sie mehrmals längs ein. Wenn Du die Zwiebel dann in Scheiben schneidest, bekommst Du automatisch Zwiebelwürfel.

Mit feinen Zwiebelringen kannst Du viele Speisen hübsch dekorieren. Zum Beispiel Dein Tomatenbrot. Leg doch mal Olympische Ringe aus Zwiebelringen. Oder eine Brille. Oder eine Null, eine Acht, ein O. Oder Du kannst sie ausbacken.

Ausgebackene Zwiebelringe

125 g	Weizenmehl (Type 550)
1 Eßlöffel	Olivenöl
1 gestrichener Teelöffel	Salz
1	Ei
gut 125 ml (1/8 l)	Wasser
1	Gemüsezwiebel
250 ml (1/4 l)	Speiseöl

1. Siebe das Mehl in eine Rührschüssel.
2. Füge Öl, Salz, Ei und Wasser hinzu und verrühre das Ganze mit Handrührgerät mit Rührbesen zu einem glatten Teig, den Du 15 Minuten quellen läßt.
3. Pelle die Gemüsezwiebel und schneide sie in feine Ringe.
4. Erhitze das Öl in einem Topf und tauche die Zwiebelringe mit Hilfe von zwei Gabeln portionsweise in den Teig, streiche ihn etwas am Rand des Gefäßes ab.
5. Dann gibst Du die Ringe in das Öl und läßt sie goldgelb backen (Laß Dir dabei von einem Erwachsenen helfen, denn heißes Öl kann ganz schön spritzen). Leg die fertigen Ringe kurz auf Küchenpapier und serviere sie warm.

Januar

Zu Beginn des Jahres gibt es vor allem Kohlgemüse, Südfrüchte und aus dem Gewächshaus Kopfsalat.

Februar

Südfrüchte und eingelagerte Früchte stehen auf dem Speisezettel.

März

Kohlgemüse, Zitrusfrüchte, Bananen und Ananas und die ersten Gemüse aus dem Gewächshaus regen den Appetit an.

April

Jetzt beginnt die Rhabarberzeit, auch junger Spinat und frischer Rettich sind jetzt im Angebot.

Mai

Nun beginnt die Spargel- und Erdbeerzeit, auch Honigmelonen kann man jetzt kaufen.

Juni

Nun beginnt die Beeren- und saure Gurkenzeit, der Markt bietet eine Überfülle an Angebot, darunter auch Kirschen und Blumenkohl.

Juli

Alle Beeren sind jetzt da und auch die ersten Pflaumen sind nun zu bekommen, Salat aus dem Freiland, Blumenkohl, Gurken und Erbsen bereichern den Speisezettel.

August

Die Herbstfrüchte kommen nun ins Angebot. Äpfel und Kartoffeln sind jedoch noch nicht lagerfähig.

September

Jetzt beginnt die Kürbis- und Traubenzeit, aber die letzten Sommerfrüchte sind auch noch zu bekommen.

Oktober

Äpfel- und Birnen gibt es in Hülle und Fülle. Äpfel sind ab jetzt auch gut lagerfähig. Die Kohlsaison beginnt.

November

Jetzt gibt es vor allem Südfrüchte und exotische Früchte und das Obst was eingelagert wurde. Kohl und anderes Gemüse, das Frost vertragen kann, findet sich noch im Garten.

Dezember

Die Südfrüchte kommen passend zu den nun anstehenden Festen, damit die Nikolausstiefel und der bunte Teller nicht leerbleiben.

Register

Impressum

Umwelthinweis
Dieses Buch und der Schutzumschlag wurden auf chlorfrei gebleichtem Papier gedruckt.
Die Einschrumpffolie - zum Schutz vor Verschmutzung - ist aus umweltfreundlicher
und recyclingfähiger PE-Folie.

Wenn Sie Anregungen, Vorschläge oder Fragen zu unseren Büchern haben,
rufen Sie uns unter folgender Nummer an (05 21) 52 06 42 oder schreiben Sie uns.
Wir antworten umgehend.

Ceres Verlag

Rudolf August Oetker KG
Redaktion
Am Bach 11
33602 Bielefeld

Redaktion: Carola Reich, Eva-Maria Dammeier

Zeichnungen: Helga Helbig, Braunschweig

Gestaltung: Parzhuber & Partner, München

Reproduktionen: Kruse Reproduktionen, Vreden

Herstellung: Druckerei Grenz-Echo, B-Eupen

ISBN3-7670-0330-9